西华大学校内人才引进资助项目（课题号：w2420132）

企业职工
基本养老保险基金财务可持续性研究

王绿荫◎著

RESEARCH ON THE FINANCIAL
SUSTAINABILITY OF
THE BASIC PENSION INSURANCE FUND FOR
ENTERPRISE EMPLOYEES

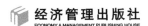

经济管理出版社
ECONOMY & MANAGEMENT PUBLISHING HOUSE

图书在版编目（CIP）数据

企业职工基本养老保险基金财务可持续性研究 ／ 王绿荫著. -- 北京：经济管理出版社，2024. -- ISBN 978-7-5243-0042-7

Ⅰ. F842.612

中国国家版本馆 CIP 数据核字第 2025FC6422 号

组稿编辑：张巧梅
责任编辑：张巧梅
责任印制：许　艳
责任校对：熊兰华

出版发行：经济管理出版社
　　　　　（北京市海淀区北蜂窝 8 号中雅大厦 A 座 11 层　100038）
网　　　址：www.E-mp.com.cn
电　　　话：(010) 51915602
印　　　刷：唐山玺诚印务有限公司
经　　　销：新华书店
开　　　本：720mm×1000mm/16
印　　　张：12.5
字　　　数：185 千字
版　　　次：2025 年 2 月第 1 版　　2025 年 2 月第 1 次印刷
书　　　号：ISBN 978-7-5243-0042-7
定　　　价：88.00 元

前　言

　　社会保障是现代政府维护公民基本权益、促进经济良序发展、调节收入分配、促进国家长治久安的基本制度。其中，能够惠及最大多数公民的基本养老保险制度是社会保障制度的重要内核，其基本要求是保障公民在年老退休后获得基本均等化和充足化的养老待遇，这就要求基本养老保险制度要具备可持续发展的能力，而基本养老保险基金财务可持续发展是保证养老保险制度可持续发展的首要前提。受人口老龄化程度加深的影响，企业职工基本养老保险基金支出总量增长、劳动人口比重下降使企业职工基本养老保险基金收入相对减少，从而可能影响企业职工基本养老保险基金财务可持续发展能力，这也是经济社会发展将长期面临的最大挑战与常态性特征。正是源于此问题，本书选择企业职工基本养老保险基金财务可持续性这一重大现实问题展开研究。

　　本书的研究从基本养老保险基金财务可持续性的理论分析入手，基于可持续发展理论、基金收支平衡理论和公共财政理论，阐述促进企业职工基本养老保险基金财务可持续性的理论依据，这是本书的逻辑起点与理论基础。在明确基本养老保险基金财务可持续内涵的基础上，结合我国实际国情，从待遇充足、成本负担、支付能力等视角，构建了衡量企业职工基本养老保险基金财务可持续性的指标，并计算得到企业职工基本养老保险基金财务可持续指数。同时，在明晰企业职工基本养老保险基金财务可持续发展的主要影响因素的基础上，探讨统筹层次、缴费率与缴费基数、人口年龄结构对基本养老保险基金财务可持续性影响的作用机理，进而提出相关的研究假说，并实证分析统筹层次、缴费率与缴费基数和人口年龄结构对企业职工基本养老保险基金财务可持续性的影响，研究结果表明：

第一，统筹层次是影响企业职工养老保险基金财务可持续发展的重要因素之一。基于计量模型和精算模型，从静态和动态两个视角，分别运用渐进双重差分的因果识别方法和精算模拟的方法展开实证研究。计量模型回归结果表明：实施提高统筹层次的政策，能够显著提升企业职工基本养老保险基金财务可持续性。该研究结论分别通过了反事实检验和稳健性检验。同时，将中央调剂金制度考虑在精算模型中，精算模型研究结果表明：在实施中央调剂金制度，并提高中央调剂金上解比例后，企业职工基本养老保险基金财务可持续能力有所提升。

第二，缴费率与缴费基金是企业职工基本养老保险制度的核心要素。基于计量模型和精算模型，从静态和动态两个视角，运用双向固定效应的回归分析方法和精算模拟的方法展开实证研究。计量模型回归结果表明：企业职工基本养老保险政策缴费比例与企业职工基本养老保险基金财务可持续指数呈正相关关系，企业职工基本养老保险政策缴费比例的平方与企业职工基本养老保险基金财务可持续指数呈负相关关系，即企业职工基本养老保险政策缴费比例与企业职工基本养老保险基金财务可持续指数之间呈倒 U 形关系，稳健性检验和异质性分析均支持该研究结论。同时，将政策缴费率的变动考虑在精算模型中，精算模型研究结果表明：当下调政策缴费率且提高缴费遵从度时，企业职工基本养老保险基金财务可持续性得到提升，基金支付压力可以得到一定程度上的缓解。尤其是相较于无任何政策干预且维持原缴费率的方案，该方案的实施可以显著提升基金财务的可持续运行能力。

第三，人口老龄化作为影响企业职工基本养老保险基金财务可持续性的重要外生因素，通过劳动供给水平和产业结构等中介变量，影响企业职工基本养老保险基金财务可持续发展。基于计量模型和精算模型，从静态和动态两个视角，运用中介效应、门槛效应和精算模拟等方法展开实证分析。计量模型回归结果表明：人口老龄化对企业职工基本养老保险基金财务可持续性具有显著的直接效应，人口老龄化对企业职工基本养老保险基金财务可持续性的影响分别依赖于劳动供给水平和产业结构两条中介路径，且呈现出显著的区域异质性。同时将生育政策、延迟退休政策等制度参数引入精算模型中，精算模型研究结果表明：一是实行"全面二孩"政策可以在一定程度上提升企业职工基本养老保险基金财务可持续性，且随着缴费遵从度的提高，企业职工基本养老保险基金财务可持续状况明显改善。二是实施"男女一起延迟"退休方案，也可以促进企业职工基本养老保险基金可持续发展。

第四，在分析影响企业职工基本养老保险基金财务可持续因素的基础上，本书提出了促进企业职工基本养老保险基金财务可持续性的路径，并利用精算模型，对政策进行模拟预测与评估。精算模型研究结果表明：实施降低企业职工基本养老保险缴费费率且坐实缴费费基等政策，在短期内可以提升企业职工基本养老保险基金财务可持续性；同时，进一步实施养老保险全国统筹政策、渐进式延迟退休政策和养老保险基金入市政策后，无论在短期或中长期内，企业职工基本养老保险基金财务可持续状况均得到了显著提升。

在理论分析和实证分析的研究基础上，紧密结合我国当前经济社会发展中的主要矛盾，充分贯彻党的二十大和"十四五"规划纲要，从优化基本养老保险制度的视角出发，提出了促进企业职工基本养老保险基金财务可持续性的相关政策建议，主要包括以下几个方面：一是促进企业职工基本养老保险基金财务可持续性的基本思路，主要包括强化社会保险征收的法律依据、完善基本养老保险全国统筹和明确养老保险中不同责任主体的责任范围；二是优化制度参数，完善基本养老保险制度设计的具体建议，主要包括完善多层次、多支柱养老保险体系，实施渐进式延迟法定退休年龄政策，健全基本养老保险待遇调整机制；三是增强企业职工基本养老保险基金财务可持续的配套改革，主要包括提升社会保障基金运营管理能力、加快社保信息系统的规范化建设和以数字经济为依托提升信息治税能力。

本书的边际贡献主要体现在以下两个方面：一是立足于促进社会保障事业高质量发展、可持续发展的时代背景，构造了企业职工基本养老保险基金财务可持续指数。同时，分别从静态视角和动态视角出发，构造了静态性衡量指标和动态性衡量指标，丰富了对企业职工基本养老保险基金财务可持续性的测度方法。二是综合运用多种方法展开研究，将计量模型和保险精算模型纳入同一实证分析框架内，同时运用计量模型和精算模型进行实证分析，为研究企业职工基本养老保险基金财务可持续性提供实证支撑。

在本书的写作过程中，从初稿形成，到最后成书，虽经笔者反复推敲修改，但难免存在不足之处，将留待后续研究予以弥补。本书是笔者主持西华大学校内人才引进资助项目"企业职工基本养老保险基金财务可持续性研究"（课题号：w2420132）的研究成果，本书的出版，得到笔者所在单位西华大学经济学院与经济管理出版社各位同仁的大力支持。在此，谨对为本书出版做出贡献的单位和各位同仁表达真挚的感谢！当然文责自负，敬请各位读者批评指正！

目　录

导　论

第一节　研究背景与意义

一、研究背景

在市场经济条件下，社会保障是现代政府维护公民基本权益、促进经济良序发展、调节收入分配、促进国家长治久安的基本制度。能够惠及大多数退休公民的企业职工基本养老保险制度是社会保障制度的重要内核，其要求保障全体公民在老龄退休后获得基本均等化和充足化的养老待遇，这就要求企业职工基本养老保险基金收支稳定且具备财务可持续发展能力。

我国已成为当今世界上老龄化发展最为快速、老龄人口规模最大的发展中国家之一，人口老龄化程度加深的最直接影响是老年抚养比的快速增加。根据 2020 年第七次全国人口普查公报，我国 15～59 岁劳动人口占比达 63.4%、60 岁及以上人口占比达 18.7%。与 2010 年相比，15～59 岁劳动人口、60 岁及以上老龄人口的比重分别下降 6.8 个百分点和上升 5.44 个百分点。人口老龄化进程的加快、预期寿命的延长和养老金待遇的提高，一方面促使企业职工基本养老保险基金支出总量刚性增长；另一方面导致劳动人口比重下降，可能降低企业职工基本养老保险基金收入水平，从而可能影响企业职工基本养老保险基金财务可持续发展能力。

同时，受经济下行影响，国家阶段性地对社会保险制度实施"免、减、缓、返、降"等减税降费政策的综合性影响，企业职工基本养老保险基金收入增速稍有放缓。财政部公布的数据显示：虽然企业职工基本养老保险基金收入在 2020 年首次出现下降，但随后逐年增长，2022 年企业职工基本养老保险基金收入高达 47932.83 亿元，较 2020 年上涨 56.10%；其中，企业职工基本养老保险费收入 38825.68 亿元，较 2020 年上涨 85.89%。①

在民生保障和福利支出刚性的要求下，企业职工基本养老保险基金支出规模稍有增长。统计数据显示：2022 年企业职工基本养老保险基金支出 41436.22 亿元，较 2020 年仅增加 19.34%。② 从企业职工基本养老保险基金本年收支结余来看，虽然企业职工基本养老保险基金年收支结余在 2020 年出现赤字，但随后逐年增长，2022 年企业职工基本养老保险基金本年收支结余高达 4270.91 亿元，较 2020 年增长 166%。③ 同时，2022 年我国开始实施养老保险全国统筹，在全国范围内对各地基金结余进行合理调剂，截至 2023 年底，全国统筹调剂资金规模达到 2716 亿元，全国企业职工基本养老保险基金累计结余已接近 6 万亿元。在此背景下，为进一步促进企业职工基本养老保险基金财务可持续发展，完善社会保障制度，本书选择企业职工基本养老保险基金财务可持续性这一重大现实问题展开研究。

二、研究意义

1. 理论意义

以党的二十大、"十四五"规划纲要和中央经济工作会议精神，以及结

---

① ② ③ 资料来源：根据 2020~2022 年"全国社保保险基金结余决算表"整理得到。

合世情、国情所确立的社会保障制度的顶层设计为基础，根植于促进企业职工基本养老保险制度可持续发展，基于全面的理论探索与实践分析展开研究，并试图为提升企业职工基本养老保险基金财务可持续发展能力勾勒出一幅思路明晰、简约可行的全景图。在规范层面构建"为什么要促进基金财务可持续性、如何判断基金财务的可持续状况、如何促进基金财务可持续发展"的理论分析框架，即从理论高度提炼解释框架，追问因果关系为何起作用、如何起作用，具有重要的理论意义。本书研究为解决我国企业职工基本养老保险基金财务可持续性存在的理论基础不系统、涵盖范围不全面、逻辑脉络不清晰等问题提供一定的思路，具有重要的理论价值，即丰富了企业职工基本养老保险基金财务可持续性的理论研究。

2. 现实意义

党的十八大以来，党中央把社会保障制度建设摆上更高、更加突出的位置，坚持社会保障制度可持续发展。"十四五"规划纲要和党的二十大报告也提出，要加快多层次、可持续的社会保障体系建设。社会保障问题事关我国发展全局，事关亿万百姓福祉。基本养老保险制度作为社会保障制度的重要组成部分之一，其首要条件和物质基础是实现基金财务可持续发展。当前，亟须对企业职工基本养老保险基金财务可持续状况进行研究，并从中提炼出促进企业职工基本养老保险基金财务可持续发展的政策建议。

基本养老保险制度涉及代际人口，当前的制度运行离不开对未来形势变化的判断。任何制度的运行都必须具备一定的物质保障，而保证基本养老保险制度正常运行的前提条件是基金财务可持续发展，尤其在人口老龄化加剧、预期寿命延长的背景下，只有具备充足且可持续的基本养老保险基金，才可以保证退休职工养老金的正常发放、才能保障老年居民获得基本均等化的养老待遇、才能促进养老保险制度的正常运转和长期可持续发展，才能有助于整个社会的长治久安。

第二节　国内外研究现状及述评

一、养老保险制度可持续性的内涵与外延研究

欧盟委员会（2001）对养老金系统长期可持续进行了简单界定。Holzmann（2005）将养老保险制度的基本目标定义为：在财政充足并可负担的情况下，能够长期为老年人提供稳健的养老金，即养老保险制度应具备充足性、可负担性、可持续性和稳健性等特征。Aaron（2010）认为，养老保险制度财务可持续是指，既能够满足当前退休职工的养老待遇，又可以满足养老金的偿付能力，同时也不会将支付负担转嫁给下一代。Glennerster（2010）提出，福利国家的可持续养老保险制度包括财务可持续、政治可持续和道德可持续。

国内学者卢元（1998）认为，一个可持续的养老保险制度不仅能够解决老龄退休人口的基本养老待遇问题，还能满足当前在职工作人口的未来养老待遇问题，即不通过牺牲养老金的未来支付能力来满足即期的养老金支付。值得关注的是，周志凯（2005）认为，养老保险制度可持续发展要基于可持续这一基本特征，而养老保险制度的可持续既包括制度可持续性，又包括经济可持续性和社会可持续性（林毓铭等，2011）。其中，部分学者重点关注养老保险财务可持续的研究，如杨洋（2009）认为，如果养老保险制度在现有缴费率水平下可以满足当期退休职工的养老金支付和承诺在职职工的未来待遇水平，那么该制度就具备财务可持续性。王晓军等（2012）认为，除满足提供承诺的养老金水平之外，一个可持续的养老金体系还应该具备应对老龄化加剧和长寿风险的能力。彭碧荣（2015）也对我国养老保险制度可持续的内涵进行详细阐述，丰富了关于养老保险制度可持续的内涵研究。

二、养老保险制度可持续性的衡量研究

部分学者试图从衡量养老保险制度可持续性的指标入手，如郑功成（2002）、林毓铭（2004）等学者对社会保障制度可持续发展的指标进行了研究。贾洪波等（2005）利用人口生命表求出预期寿命的方法，来研究养老保险基金的财务可持续状况，但未将死亡率考虑在模型中。Esteban 等（2008）认为，处理好覆盖面、遵缴率、透明度和财政稳定性这四大问题，并在人口老龄化背景下合理控制养老金支出规模，即可以实现基本养老保险制度的有效运行和可持续发展。闵晓莹等（2012）提出，可以用养老金计发能力指标来衡量养老保险财务可持续性，即当养老金计发能力较强时，则可以实现养老保险制度的可持续发展。黄远飞等（2021）进一步拓展了关于养老保险制度可持续发展的研究，构建了四个维度的评价体系。

保险精算作为研究养老保险制度可持续的重要实证手段之一，是通过精算模型对养老保险基金的可持续性和长期性进行模拟测算（Jimeno，2008）。María 等（2010）利用精算原理，建立了养老金收支预测模型，通过对养老保险制度未来产生的现金流进行预测，构建了评估养老保险制度精算的指标体系，为研究养老保险制度的财务可持续状况提供了重要的参考。

同时，部分学者采取了多元化的指标来构建精算模型（Inmaculada，2011），也有一些学者，如张勇等（2008）将死亡率的分布直接引入模型中，构建了衡量财务可持续支付能力的精算模型，精算研究结果表明，当前养老金支付能力不足，弱化了财务可持续性。于洪等（2009）认为，偿付能力是直接关系到社会保障制度可持续发展的重要因素，他们以偿付能力指标构建精算模型，模拟不同条件下的养老保险基金财务可持续的运行状况。王晓军等（2013）以待遇充足性、成本可负担性和具有长期支付能力等指标来衡量社会养老保险基金财务可持续性。刘学良（2014）研究认为，养老保险制度可持续受养老保险制度自身发展的影响较大。

上述文献大多是基于封闭系统下的精算模拟测算的，缺乏动态的研究分析。艾慧等（2012）基于开放系统进行精算模拟，模拟测算结果显示，年度支付危机会在2018～2036年出现，2023～2050年内源性基金累积不足是值得格外关注的。唐大鹏等（2019）基于收支缺口和隐性负债的社保基金财务偿付能力，构建了理论分析框架和评价指标，以社会保障支付率、社会保障积累率等作为衡量社保基金的财务偿付能力的指标，研究结果表明：基金收不抵支可能在2022年出现。王翠琴等（2021）通过预测2019～2035年城镇职工基本养老保险的当期基金收支和累计滚存数值，得出当期基金收支缺口占财政收入的比重将逐年上升的结论。

三、养老保险制度可持续性的影响因素研究

关于影响养老保险制度可持续性的因素研究，通常是从制度参数改革方面入手，围绕人口老龄化、生育政策、延迟退休、制度缴费率以及统筹层次等可控参数进行参量调整，进而对养老保险基金的收支规模和长期平衡进行测算。

1. 人口老龄化对养老保险制度可持续性的影响研究

人口老龄化作为影响养老保险制度可持续性的重要因素之一，对其研究由来已久。国外学者，如Ermisch（2008）认为，劳动人口与退休人口比重的降低是由人口老龄化引起的。Bongaarts（2010）将人口老龄化等因素考虑在模型中，研究人口老龄化对公共养老基金制度的影响，研究认为，人口老龄化将会影响养老保险制度的可持续性。Balázs（2013）的研究也支持上述结论。Yehuda等（2014）认为，人口老龄化的加剧不仅使养老保险制度可持续发展面临挑战，同时也可能使公共财政面临较大的负担。Okumura等（2014）以日本老龄化和公共养老保险制度为研究对象，研究认为老龄化的加剧导致公共养老保险制度可持续发展的动力不足。Li等（2016）通过构建世代交叠模型，研究认为，老龄化通过抑制劳动供给，从而导致养老保险基金的筹集规模缩减，影响养老保险基金的可持续性。

国内学者研究主要分为两种思路：一是基于人口结构的变化，实证分析人口老龄化对养老保险可持续的影响。如张庆君等（2014）利用门限面板模型，基于 2003~2010 年的中国省际数据进行实证分析，研究结果表明：在东、中、西部地区内部，人口老龄化对养老保险可持续支付能力的影响程度各不相同。李小林等（2020）运用面板中介效应模型和面板平滑转换模型进行实证分析，研究结果表明：老龄化不仅加重城镇职工养老保险的支付压力，还通过城镇劳动供给和城镇产业结构等中介路径间接加重养老保险支付压力。二是基于预测人口结构的研究。大多数的研究认为，人口老龄化会导致我国养老保险出现巨大的收支缺口，进而会影响养老保险基金的可持续性。刘威等（2018）基于联合国 2016~2100 年中国人口预测数据，结合人口流动、城镇化和老龄化等因素，测算了中国城镇和农村人口的规模和年龄结构，并构造了养老保险基金可持续性的精算模型进行分析，研究认为，老龄化影响养老保险基金的可持续性。

2. 生育政策与退休政策对养老保险制度可持续性的影响研究

生育政策作为影响养老保险制度可持续的重要参数之一，张思锋等（2010）较早关注该主题，基于数值模拟分析不同的生育率方案对基金收支状况的影响。孙博等（2011）模拟测算了实施不同的生育政策对养老保险基金收支状况的影响，研究表明：相比实施“全面二孩”政策，实施“全面三孩”政策对养老保险基金收支缺口的影响更为显著。骆正清等（2015）利用人口预测模型，测算城镇人口结构受生育政策调整的影响效果，并基于代际核算的分析方法进行研究，研究结果表明：实施“全面二孩”政策有利于实现人口代际平衡。曾益等（2015，2016）的研究认为，实施“全面二孩”政策有利于缓解养老保险基金收支缺口，但“单独二孩”政策的效果要受到生育意愿和政府执行力度的综合影响。可见，学者均认为调整生育政策可以缓解养老保险基金支付压力。

退休政策作为影响养老保险制度可持续的重要参数之一，学者通常将研究延迟退休年龄与缓解基金缺口、增强养老保险制度可持续性相联系。当养老保险基金出现缺口时，延迟退休年龄成为发达国家首选的政策工具之一（Breyer et al.，2010）。Lacomba 等（2010）认为，实施延迟退休年龄的政策，有助于改善养老保险基金财务状况，降低基金风险。Fehr（2012）认为，延迟退休年龄能缩小养老保险基金支付缺口。于文广等（2018）的研究也支持上述研究结论。曾益等（2020）基于精算模型展开研究分析，研究结果表明，延迟退休方案可以减轻财政压力，促进养老保险制度的可持续发展。而Blake 等（2010）则认为延迟退休年龄的效果不确定，余立人（2012）的研究也支持该结论，认为养老保险基金可持续能力受到多方面因素的影响，因此其最终影响结果是不确定的。可见，关于延迟退休年龄，多数学者通过设计不同的延迟退休方案进行了研究，但研究结论也存在一定程度的分歧。

部分学者将生育政策和延迟退休政策相结合，研究二者对养老保险基金可持续的影响，于洪等（2015）将生育政策和延迟退休政策相结合进行研究。王翠琴等（2017）的研究发现，调整生育政策可以延缓养老保险基金短期和长期赤字的出现时间。张心洁等（2018）研究认为，实行"全面二孩"政策和延迟退休政策均能明显地促进基金可持续运行。张君等（2021）通过构建养老金精算模型，研究在"全面二孩"及延迟退休政策背景下，基金收支平衡所受到的影响。

3. 缴费费率对养老保险制度可持续性的影响研究

关于养老保险最优缴费率的相关研究中，孙雅娜等（2010）以各行业就业人数为权重，得出的最优基本养老保险缴费率为 20.48%。Grech（2013）研究认为，降低社会保险缴费率，可以在一定程度上提高社会总福利水平。景鹏等（2016）研究认为，最优社会统筹缴费率随退休年龄的延迟而下降，随人口增长率的上升而提高。

景鹏等（2017）运用动态随机均衡模型（DSGE），得出最优基本养老保险统筹账户缴费率为 10.77%～19.18%。柳清瑞等（2013）、康传坤等（2014）、彭浩然等（2012，2018）学者基于代际交叠模型，分析预期寿命和人口增长率的变动对缴费率的影响效应，并试图得到最优的缴费率区间。刘昌平等（2021）利用代际核算方法，基于代际公平研究城镇职工基本养老保险最优缴费率，研究认为 13%的缴费率是实现相对代际公平的最优缴费率。

关于养老保险降费空间的研究，如林宝（2010）基于相关参数假设的研究发现，降低养老保险统筹账户的缴费率，有利于统筹账户基金收支实现纵向平衡。于洪等（2015）发现，延迟退休和二孩政策可以使养老保险缴费率下调，在两项政策同时作用的情况下，缴费率在 2041 年及以后可由 28%降至 27%。路锦非（2016）认为，基本养老保险政策缴费率可从 28%降至 20%。景鹏等（2017）的研究也支持降费率。曾益等（2018）通过建立精算模型，分析在短期和长期内养老保险缴费率的降费空间，研究表明：缴费率在短期内具备降低空间，但在中期内应每两年提高 0.56%或每五年提高 1.29%。郭瑜等（2019）认为，当前存在一定的降费率空间，费率下调至 24%可能产生扩面效应。孙永勇等（2014）认为，在提高制度覆盖率和征缴率的前提下，若要保持长期财务可持续性，仅依靠制度自身的参数调整可能还不够。

关于降费率对养老保险基金可持续的影响研究，Graham 等（2013）认为，当政策缴费率降低时，企业的用工成本会降低，使税前利润得到提高，此时，征缴效率也得以提升，使基金收入增加。Edwards 等（2016）认为，养老保险政策缴费率的下降可以增加养老保险基金的收入。部分学者仅研究降低养老保险缴费率对养老保险基金可持续性的影响，如陈曦（2017）以降费率对基金收入、长期收支平衡的影响为研究视角。肖严华等（2017）、王国洪等（2020）认为，社会保险缴费率的降低并不会导致社保基金收入的下降。刘树枫等（2021）的研究也支持上述研究结论。杨翠迎等（2018）认为，在中国社会保险制度中，存在通过降低政策费率来提高基金收入的可行路径。曾益等（2019）的研究指出，在短期内，下调缴费率对基金可持续性的影响效果较微弱。詹鹏宇等（2019）以湖北省为研究对象，利用灰色预测模型和线性回归模型，研究当前在降费率约束条件下的湖北省城镇职工养老保险基金收支平衡问题，研究表明，在长期内养老保险基金难以保持收支平衡。

同时，一些学者认为，需要结合政策的实施，综合分析降低缴费率对养老保险基金可持续性的影响。如郭瑜等（2019）研究社保缴费比例与社保缴费基数双下降对基金收支平衡的影响，研究表明，基金征缴收入可能减少，可持续性降低。肖彩波等（2020）的研究则表明，在短期内社保"双降"对基金收支的影响较为明显，2030 年之前基金一直处于收不抵支的状态，并在2030 年出现收不抵支的峰值，而从中长期来看，基金收支情况会出现好转。曾益等（2019，2022）结合"全面二孩"政策和延迟退休政策，利用精算模型进行研究，研究结果表明，在短期内，下调缴费率对基金可持续性的影响效果较微弱。

总体而言，当前的研究多基于精算模型进行测算，且较多研究是基于给定的参数进行测算。学者利用不同的研究方法，研究结论亦有所不同。但大多数的研究都认为养老保险缴费率的降低会影响养老保险基金可持续性。值得关注的是，在研究降缴费率的同时，应结合制度参数的改进和新政策的实施，综合研究其对养老保险基金可持续性的影响。

4. 统筹层次对养老保险制度可持续性的影响研究

（1）中央调剂金制度对养老保险制度可持续的影响研究

现有文献主要集中在中央调剂金的规模、效果和最优调剂比例等方面的研究上。

从调剂规模和效果的研究来看，一些学者从静态视角出发，利用历史数据对中央调剂效果进行分析。如魏升民等（2018）、彭浩然等（2019）的研究认为，在短期内，调剂制度可以改善养老保险基金的省际差距，缓解部分省份的养老金支出压力，但是随着中央调剂金比例的逐步上调，情况则不同。Tang 等（2020）将人口、经济和养老金放在一个分析框架中，利用系统动力学模型研究基本养老金的规模。

部分学者基于动态视角，利用精算模型，测算了中央调剂金制度对基本养老保险基金可持续性的影响。如石晨曦等（2019）利用仿真模拟进行测算，测算结果表明：实施中央调剂制度可以缓解部分地区的基金收支赤字状况，但中央调剂效果的实施受多方面因素影响。肖严华（2019）对上解比例为3%和3.5%两种情景进行了模拟测算和相关指标比较，研究发现，提高上解比例，可以提高中央调剂金总规模和各省份的净拨付额，均衡各省份当期养老保险基金净收入额的分布和累计结余基金的分布。范维强等（2020）通过建立评估中央调剂制度下各省养老金收入支出的精算模型，研究结果也支持上述研究结论。

从最优调剂比例来看，边恕等（2019）的研究发现，调剂比例提高至4.5%可以达到最优调剂效果。但是该研究方法忽略了基金调剂公平性的问题。彭浩然等（2019）的研究提出，5%的调剂比例是最为合适的。薛惠元等（2020）提出，利用二次调剂算法来优化基金拨付环节，在效率和公平取向下，以2018年为例，分别求得最优调剂比例。测算结果表明，调剂比例为1.98%足以补平基金缺口，取7.11%时各省基金财务负担最为均衡。

总体而言，首先，关于养老保险基金中央调剂制度的研究文献较为翔实，但关于调剂规模和效果的研究缺乏同时从静态和动态等多视角的预测，较多研究仅局限于单一的静态视角或动态视角，缺乏对未来调剂效果的动态分析；其次，中央调剂制度的最优上解比例既要顾及基金调剂的公平性，又要顾及养老保险基金整体的可持续性，现有的研究缺乏对该视角的分析；最后，对制度所产生的效应，多从短期、历史数据入手，缺乏中长期视角下对不同调剂方案下的养老金再分配效果的量化分析。

（2）国有资本划转对养老保险制度可持续的影响研究

当前的研究主要从定性和定量视角出发。在定性研究方面，如王延中等（2004）认为，国有资产用于社会保障支出，以解决历史遗留的隐性负债问题完全是合情合理的，也是必要的。崔开昌等（2016）认为，划转部分国有资本是充实社会保障基金、弥补养老金缺口的现实可行路径。冯经纶等（2019）也认为，国有资本划转可以弥补因实施视同缴费年限政策而形成的企业职工基本养老保险基金缺口，有利于养老保险制度的可持续性。李培等（2019）的研究也支持上述研究结论。

在定量研究方面，如杨俊等（2008）基于一般均衡模型，数值模拟结果表明，社会福利最大化下的最优划转率为32%。景鹏等（2020）、董克用等（2020）的研究也指出，在短期内划转的国有资本通过分红收益充实社保基金效果较微弱。邓大松等（2020）通过建立企业职工基本养老保险缴费率模型研究国有资本划转对企业职工基本养老保险降费空间的影响，发现当前国资划转比例为养老保险提供的降费空间较为有限。

四、促进养老保险制度可持续发展的政策研究

从改革制度参数来看，关于提高退休年龄、延长缴费年限的研究，如Breyer等（2010）认为，延长退休年龄可以提高养老保险制度的支付能力。Cristian（2012）指出，在一定程度上，延迟退休和降低养老金待遇政策，可以缓解基金支付不足的困境。殷俊等（2012）研究发现，中国现行的退休年龄和养老保险政策并不足以实现基础养老金的长期财务平衡，可以考虑通过延长退休年龄，缓解养老保险基金的支付压力，实现基础养老金自身的收支平衡。姚金海（2016）认为，延长退休年龄有利于缩小养老金收支缺口，可以有效地防范和化解由此带来的财政风险。王欢等（2021）认为，生育政策调整、退休年龄延迟改革的同步实施可以提高基本养老保险基金的偿付能力。

关于坐实缴费基数、确立科学规范的养老金待遇调整机制的研究，如傅志华等（2017）提出，应该延长最低缴费时间、坐实缴费基数，使养老保险制度可持续发展。房连泉（2018）提出，要增强养老金制度的充足性和财务可持续性，需要尽快延长最低缴费年限、建立可持续的基本养老保险待遇指数化调整机制。艾慧等（2012）认为，提升统筹层次、完善制度设计，加强账户偿付能力，有利于统筹账户的财务可持续性。朱青等（2019）提出，可将节省下来的财政补贴资金用于支持企业社保费的降费。王敏等（2020）、朱恒鹏等（2020）都认为，提高社保统筹层次可以增强社会保险的风险分担能力。

关于提升养老保险基金投资运营收益的研究。发达国家对基本养老保险基金的投资运营模式以及投资运营机制发展的研究较为成熟，其投资运营模式较为多样化、投资运营机制较为全面。如美国政府提供了多种金融工具投资社保基金，鼓励经营较好的养老投资机构积极上市运营，并参与养老保险基金的监督管理，即设置养老保险基金信息披露制度（黄英君等，2019）。英国采用信托制度，由专门的投资机构运营管理，且基金投资渠道除股票、债券外，还可以投资抵押债券和房地产等，投资渠道较为多样化（曾茜等，2018）。

五、文献述评

从现有的文献来看，虽然学术界对养老保险制度可持续问题已展开了较为翔实的研究，但系统性地研究企业职工基本养老保险基金财务可持续性的文献相对单薄，在以下方面存在改进空间。

一是关于基本养老保险基金财务可持续性的内涵界定的相关研究较为缺乏，同时对衡量指标的研究也较为单一。现有研究较多通过构建养老金计发能力、养老金支付能力等单一性指标来展开，缺乏构建系统、多元化的指标体系。部分研究通过构建保险精算模型，测度基本养老保险基金收支，但关于精算模型中的人口参数尚未达成共识，人口预测采用静态分析、动态分析不足，导致精算模型预测结果有所偏差。

二是现有研究认为基本养老保险制度在基金财务上具有不可持续的风险，但是对基本养老保险基金财务不可持续性的论证相对较少，较多研究是直接默认不可持续风险的存在。同时，当前研究主要集中在某一方面，强调从单个措施入手解决财务不可持续的问题，缺乏同时从延迟退休政策、调整生育政策、坐实缴费基数等制度参数入手的综合性研究。而关于缴费率、缴费基数等制度参数的研究，大多基于精算模型，且较多的研究都是基于给定的参数进行模拟测算的，缺乏对参数合理的量化分析。

第三节 核心概念界定及其衡量

在研究企业职工基本养老保险基金财务可持续性问题时，有必要厘清与之相关的核心概念，对其进行科学、合理的界定，并选择多元、合意的综合视角，构建合理的可持续性衡量指标。核心概念的具体内涵及测度如下：

一、基本养老保险基金财务可持续的内涵

"可持续性"这一概念被用于经济、社会系统的研究中，通常是指经济或社会系统能实现自身的平稳运行，是一种可以长久维持的状态。国内外学者对养老保险制度的可持续性也提出了多种定义，它们既有差异也有相似的地方。如 Holzmann 等（2005）指出，财务可持续性是"可持续"养老金制度的首要条件。Glennerster（2010）指出，福利国家财务可持续性不仅包括基金收支的动态平衡，也包括降低养老待遇、延迟退休年龄等相关方案。国内学者，如郑功成（2002）认为，社会保障制度的可持续性包括制度稳定性、财政可靠性、制度发展性和支撑社会保障制度四方面。王晓军（2012）认为，具备充足的经济资源支付养老金、保证人们公平地享有养老保障以及应对老龄化和长寿风险，这是养老保险制度可持续发展的重要特征。

总体而言，上述研究主要关注的是养老保险制度可持续性，而聚焦于基金财务可持续性的定性研究相对较少。基于此，本书认为，狭义上而言，所

谓基本养老保险基金财务可持续性，是指基本养老保险基金筹集和发放不仅能够保障当期退休人员的基本生活需要，也不会损害未来退休人员的养老需要。广义上而言，所谓基本养老保险基金财务可持续性，是指公民在年老退休时，有权享受国家所提供的充足养老保障，同时，该养老保障是与经济承载能力相协调的。其内涵主要包括以下三个方面：首先，一个基金财务可持续的养老保险制度，是可以对所有符合条件的老龄公民提供充足的养老待遇的，即具备待遇充足性；其次，向公民提供养老社会保障服务的同时，可以确保所提供的养老待遇与经济发展水平相适应，换言之，不会为了满足养老金待遇的提供而超出当前基金的支付能力，即具备成本可负担性；最后，养老保险基金的发放还要能够满足养老金的支付，换言之，养老保险基金的支付可以满足当前退休老龄人口的养老待遇需求，即具备基金可支付能力。

二、基本养老保险基金财务可持续的衡量

本书提出两种衡量方法，分别是静态性衡量指标和动态性衡量指标，来测度基本养老保险基金的财务可持续状况。

1. 静态性衡量指标

已有的研究中，部分国内学者，如刘学良（2014）、黄远飞（2021）等对养老保险财务可持续的内涵进行了研究，郑秉文（2019）提出中国养老金发展指数。在现有研究的基础上，本书参考王晓军等（2013）的研究，提出度量基本养老保险基金财务可持续性的指标，并将其概括为待遇充足、成本负担、支付能力等。相较于已有研究，本书的研究在指标构建方面，未局限于单一指标的选取，而是从多维度、多视角出发，选取了层次指标和评价指标，构建了企业职工基本养老保险基金财务可持续指标，即包括三个一级指标、九个二级指标，并计算得到企业职工基本养老保险基金财务可持续指数。具体内容如表0-1所示。

表 0-1　企业职工基本养老保险基金财务可持续性的衡量指标

总指标	一级指标	二级指标
企业职工基本养老保险财务可持续指标	待遇充足	企业参保职工与城镇就业人员的比率
		人均养老金支出占城镇单位在岗职工平均工资的比率
		离休、退休和退职人员与在职参保职工人数的比率
	成本负担	企业职工基本养老保险基金支出与 GDP 的比率
		人均养老金收入与城镇单位在岗职工平均工资的比率
		企业职工基本养老保险基金支出与地方财政支出的比率
	支付能力	养老保险基金收入与养老金基金支出的比率
		基金累计结余与当期支出的比率
		年末基金累计结余与下年度基金支出的比率

待遇充足：一个财务可持续性较高的养老保险制度，必然是可以为老龄居民提供充足的养老待遇的，换言之，待遇充足是衡量养老保险财务可持续性的重要指标之一，由该指标可以计算出待遇充足指数，待遇充足指标的内容如下：

一是衡量企业职工基本养老保险覆盖水平，主要用企业职工参保人数占城镇就业人员的比重衡量。

二是衡量养老保险待遇水平。主要用人均养老金支出占城镇单位在岗职工平均工资的比重衡量，即衡量社会平均养老金相当于社会平均工资的比例，实际上原始数据计算结果为养老保险替代率，反映了缴费者和待遇领取者的代际分配水平。

三是衡量养老保险制度赡养率。主要用离退休职工占在职参保职工人数的比重衡量，制度赡养率是衡量制度内部的待遇领取者与缴费者之间的人口结构，其发展趋势直接影响未来养老保险基金的收支状况。

成本负担：基本养老保险制度目的在于保障老年人口的收入水平，但收入水平不能超过经济社会发展的承受能力，即要与经济发展水平相适应。如果仅为了满足对养老金的支付，而需要付出超出当前支付能力的高成本，甚至将沉重的支付责任转嫁给下一代或下几代，将导致养老保险制度的当期负担较重。一个财务可持续性较高的养老保险制度，必然可以是成本可负担的。换言之，成本负担是衡量养老保险财务可持续性的重要指标之一。由成本负担指标体系可以衍生出成本负担指数，成本负担指标的内容如下：

一是企业职工基本养老保险基金支出占 GDP 的比重。该指标用于衡量当年 GDP 中企业职工基本养老保险基金的支出情况。如果该指标原始数据过高，则可能存在一定程度的养老压力。

二是衡量养老保险缴费负担情况，主要用人均养老保险缴费占城镇单位在岗职工平均工资的比率衡量。其中，人均养老保险缴费＝养老保险基金收入/在职职工。该指标用来衡量参保职工的缴费水平。

三是用基金支出占地方财政支出的比重衡量。该指标用来衡量当年该地区财政支出中的养老保险基金支出状况。由于地方政府为保障地区内老龄人口的社会权利，需要提供高质量的公共产品和公共服务，而地方公共产品与服务的成本需要地方财政支付，因而，如果该指标过高，则表明该地区存在较大的养老压力。

支付能力：作为当今世界上人口老龄化最为快速、老龄人口规模最大的发展中国家，我国养老保险制度面临可持续发展的挑战。一个稳定且可持续的养老保险制度需要具备充足、可持续、良好的基金财务状况。其中，基金支付能力既是衡量基金运转的能力，也是保障财务可持续性的最低标准。由基金支付指标可衍生出来基金支付指数，基金支付能力指标的内容如下：

一是衡量养老金的计发能力。主要用养老保险基金收入占基金支出的比率衡量。只要当期的基金收入高于基金支出，就表明当期在职职工所贡献的基金收入可以负担当前离退休职工的退休金，即基金具备一定的可持续性。

二是衡量结余基金的能力。主要用年末累计基金结余与下年度基金支出的比率衡量。该指标是从长期视角衡量企业职工基本养老保险基金财务可持续状况，也是反映制度长期应对人口老龄化风险的能力，实际上原始数据计算结果为企业职工养老保险基金支付月数。

三是衡量基金财务的可偿付能力，主要用基金累计结余与当期支出的比重衡量。理论上而言，该指标越高，则代表基金的偿付能力越充足，养老保障水平越高。

为了使该指标可以准确地度量基金财务可持续状况，首先，需要计算出基金财务可持续指数。由于评价指标的计算单位不同，需要对评价指标进行无量纲化处理。参考许春淑（2012）的研究，对指标进行线性归一化处理，以达到去除指标值量纲的目的。其次，在对基金财务可持续指标值进行指数化处理之后，还需确定各指标权重，才能计算出养老保险基金财务可持续指数。本书通过建立层次分析结构，利用层次分析法（AHP）来确定各指标的权重。

具体而言，首先，构建结构层次评价标准体系，建立包括方案层、目标层、准则层的基本养老保险基金财务可持续指标。其次，构造判断矩阵。最后，建立判断矩阵后，计算各层指标的权重。表0-2显示了准则层三个财务可持续指标的权重计算情况。

表 0-2   方案层和准则层的各指标权重

准则层各财务可持续指标	权重 q_i	方案层各指标	权重 q_{im}
X_1	$q_1 = 0.3874$	X_{11}	$q_{11} = 0.0758$
		X_{12}	$q_{12} = 0.1911$
		X_{13}	$q_{13} = 0.1204$
X_2	$q_2 = 0.1692$	X_{21}	$q_{21} = 0.0266$
		X_{22}	$q_{22} = 0.1004$
		X_{23}	$q_{23} = 0.0422$
X_3	$q_3 = 0.4434$	X_{31}	$q_{31} = 0.1830$
		X_{32}	$q_{32} = 0.1153$
		X_{33}	$q_{33} = 0.1452$

同时，需要利用一致性检验来验证矩阵结果的稳健性。对准则层财务可持续指标和方案层财务可持续指标的判断矩阵进行一致性检验，且都通过了一致性检验。最后，将无量纲化后的数据与各自的权重相乘得到企业职工基本养老保险基金财务可持续的指标权重，如表0-3所示。

表0-3　企业职工基本养老保险基金财务可持续的指标权重

总指标	准则层指标	次准则层指标
企业职工基本养老保险基金财务可持续	待遇充足（0.3874）	企业参保职工人数与城镇就业人员比率（0.0758）
		人均养老金支出占城镇单位在岗职工平均工资比率（0.1911）
		离休、退休和退职人员与在职参保职工人数比率（0.1204）
	成本负担（0.1692）	企业职工基本养老保险基金支出与GDP比率（0.0266）
		人均养老金收入与城镇单位在岗职工平均工资比率（0.1004）
		企业职工基本养老保险基金支出与地方财政支出比率（0.0422）
	支付能力（0.4434）	养老保险基金收入与养老金基金支出比率（0.1830）
		养老保险基金累计结余与养老保险基金当期支出比率（0.1153）
		年末累计养老基金结余与下一年度养老基金支出比率（0.1452）

2. 动态性衡量指标

作为社保基金中的主体部分，企业职工基本养老保险基金财务可持续性需通过长期精算模型进行测算，Jimeno（2008）也肯定了精算模型在此研究中的重要性。考虑到学术界大多以经济计量模型来达成对养老保险精算平衡的衡量，本书参考曾益等（2016）的研究，从长期精算等动态视角出发，构建精算模型，预测未来基金的收支及财务可持续状况，从而对基金财务可持续性进行测度。

（1）基金收入模型

$$(AI)_t = \left(\sum_{i=1}^{4} \sum_{j=1}^{3} \sum_{x=a_t^j}^{b_{t-1}^j} N_{t,\,x}^{i;\,j} \right) \times \beta \times I_t \times R_t \times J_t$$

$$= \left(\sum_{i=1}^{4} \sum_{j=1}^{3} \sum_{x=a_t^j}^{b_{t-1}^j} N_{t,\,x}^{i;\,j} \right) \times W_t \times R_t \times J_t$$

$$= \Big(\sum_{i=1}^{4} \sum_{j=1}^{3} \sum_{x=a_t^j}^{b_{t-1}^j} N_{t,x}^{i,j} \Big) \times W_{t_0-1} \times \prod_{s=t_0}^{t} (1+k_s) \times R_t \times J_t$$

$$= \Big(\sum_{i=1}^{4} \sum_{j=1}^{3} \sum_{x=a_t^j}^{b_{t-1}^j} N_{t,x}^{i,j} \Big) \times W_{t_0-1} \times \prod_{s=t_0}^{t} (1+k_s) \times R_t \times H_t \times Z_t \qquad (0-1)$$

其中，i、j、a、t、b 分别代表参保职工的类别、种类、参加工作年龄、工作年份和退休年龄。参保职工类别可分别代表老人（$i=1$）、老中人（$i=2$）、新中人（$i=3$）和新人（$i=4$）；参保职工种类分别代表男性（$j=1$）、女干部（$j=2$）和女工人（$j=3$）。β 为养老保险缴费基数占比，即实际缴费基数占应缴费基的比重，征缴率用 H 代表，参保率用 Z 代表；I_t 表示为 t 年养老保险应缴缴费基数，W_t 表示为 t 年实际缴费基数，K_s 表示为 s 年养老保险缴费基数增长率，s 取值从 t_0 到 t，t_0 为测算期的起始年份。R_e 表示为 t 年养老保险缴费费率，J_t 表示为 t 年养老保险缴费遵从度。

（2）基金支出模型

基础养老金支出：

$$(AC)_{t,b} = \sum_{i=1}^{4} \sum_{j=1}^{3} \sum_{x=b_t^j}^{c_t^j} \Big[N_{t,x}^{i,j} \times \overline{B}_{t,x}^{i,j} \times S_{t,x}^{i,j} \times \prod_{s=t-x+b_t^j}^{t} (1+g_s) \Big] \qquad (0-2)$$

上标 c 代表最大生存年龄，系数 B、g 和 S 分别代表计发基数、养老金增长率和计发比例。

过渡性养老金支出：

$$(AC)_{t,g} = \sum_{i=2}^{3} \sum_{j=1}^{3} \sum_{x=b_t^j}^{c_t^j} \Big\{ N_{t,x}^{i,j} \times \overline{G}_{t,x}^{i,j} \times \big[1998 - (t-x+a_t^j) \big] \times V_{t,x}^{i,j} \times$$

$$\prod_{s=t-x+b_t^j}^{t} (1+g_s) \Big\} \qquad (0-3)$$

系数 N 和 V 分别代表计发基数和比例，$1998-(t-x+a_t^j)$ 表示第 j 类参保职工的视同缴费年限。

个人账户养老金支出：

$$(AC)_{t,i} = \sum_{i=2}^{4}\sum_{j=1}^{3}\sum_{x=b_t^j}^{c_t^j}\left[N_{t,x}^{i,j}\times 12\times\left(\sum_{s=a_t^j}^{b_t^{j}-1}\overline{W}_s\times R_s^2\times(1+r)^{b_t^{j}-s-1}/m_t^{i,j}\right)\times\right.$$

$$\left.\prod_{s=t-x+b_t^j}^{t}(1+g_s)\right] \tag{0-4}$$

系数 r、m 和 R 分别表示记账利率、计发月数和缴费率。

则基金支出为：

$$AC_t = (AC)_{t,b}+(AC)_{t,g}+(AC)_{t,i} \tag{0-5}$$

（3）当期结余模型

当期结余等于当期基金收入减去当期基金支出，可用公式表达为：

$$CS_t = AI_t - AC_t \tag{0-6}$$

（4）基金累计结余模型

$$F_t = F_{t-1}\times(1+f_{t-1})+CS_t\times(1+f_t) \tag{0-7}$$

其中，f_t 表示 t 年养老保险基金保值增值率。

基于基本养老保险基金精算模型，可以从动态视角评估并预测企业职工基本养老保险基金财务可持续状况。

3. 静态性衡量指标和动态性衡量指标的比较与运用

综上所述，静态性衡量指标主要侧重从静态层面进行测算，即测算得到一国或地区企业职工基本养老保险基金财务可持续指数。静态性衡量指标的优点在于：一是衡量指标的数据较为客观且可获得，可以通过查看各类统计年鉴综合计算得到。二是衡量指标计算结果简单易懂，可以直接计算得到财务可持续指数，从而可以判断基金财务可持续状况。但缺点在于：只能基于历史数据，测算可持续性指数，而不能判断未来基金财务的可持续状况。

动态性衡量指标主要侧重从动态性、长期性测算一国或地区未来企业职工基本养老保险基金的财务状况。利用精算模型，可以对未来企业职工基本养老保险基金的收入、支出、当期结余、当期结余率和累计结余、累计结余率进行测算，从而可以对未来企业职工基本养老保险基金财务可持续性进行动态研判。

总体而言，企业职工基本养老保险基金财务可持续的静态性衡量指标无法体现未来基金财务可持续状况，而单一使用动态性指标又无法准确计算出可持续指数。因此，同时采用静态性衡量指标和动态性衡量指标，对企业职工基本养老保险基金财务可持续状况进行测算，使两者相辅相成。

第四节　研究思路与主要研究内容

一、研究思路

本书的研究过程遵循理论分析—现状分析—实证分析—政策模拟与评估—政策建议的研究思路，研究框架如图0-1所示。

1. 理论分析部分

首先，综合借鉴可持续发展理论、基金收支平衡理论、公共财政理论为分析企业职工基本养老保险基金财务可持续性提供理论依据。其次，从影响基本养老保险基金财务可持续性的基础性因素入手，明晰统筹层次、缴费费率与缴费基数以及人口年龄结构对基本养老保险基金财务可持续的影响机理。最后，从实证检验的逻辑出发，提出统筹层次、缴费费率和人口老龄化对养老保险基金财务可持续性影响的研究假设，为构建基金财务可持续性的分析框架奠定理论基础。

2. 现状分析部分

首先，梳理我国企业职工基本养老保险基金支出安排及特点。其次，明晰企业职工基本养老保险基金收入安排及特点。最后，在企业职工基本养老保险基金财务可持续衡量指标的基础上，计算得到企业职工基本养老保险

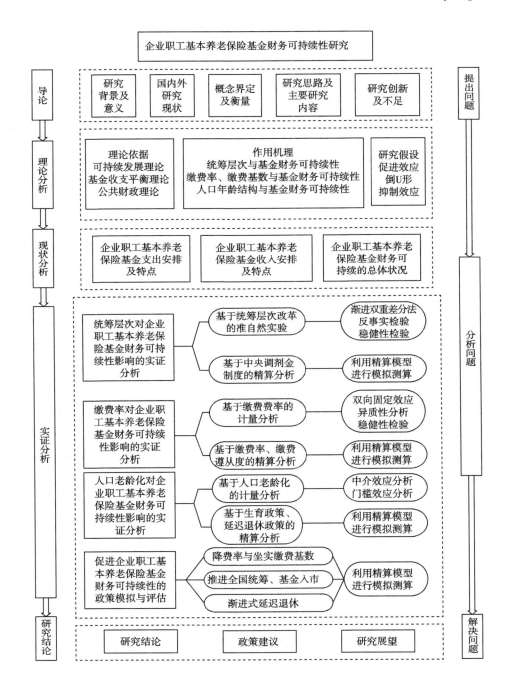

图 0-1　本书的研究框架

基金财务可持续指数，并从待遇充足、成本负担、支付能力等视角出发，对企业职工基本养老保险基金财务可持续的总体状况进行研判。

3. 实证分析部分

基于计量模型和精算模型的实证分析方法，对统筹层次、缴费费率和人口年龄结构影响企业职工基本养老保险基金财务可持续性进行实证检验。第一，以各省份渐进式统筹层次改革政策为外生冲击，基于2000~2020年全国31个省份的宏观数据，构建渐进双重差分计量模型，实证检验统筹层次对企业职工基本养老保险基金财务可持续性的影响。同时，利用精算模型，在对人口结构和参数设定的基础上，基于2018年实施养老保险基金中央调剂制度，模拟测算实施不同调剂比例方案下企业职工基本养老保险基金的财务运行状况。第二，基于2000~2020年省级层面的宏观数据，利用双向固定效应模型对缴费率影响基金财务可持续性进行检验。同时，利用精算模型，在对关键精算参数设定的基础上，分别模拟测算缴费比例不变，缴费遵从度调整和缴费比例变动，缴费遵从度调整等不同方案下企业职工基本养老保险基金的财务运行状况。第三，利用中介效应模型和门槛效应模型，实证分析人口老龄化对企业职工基本养老保险基金财务可持续性的影响。同时，利用精算模型，在对总和生育率和法定退休年龄等关键精算参数重新设定的基础上，模拟测算实行生育政策和延迟退休政策等方案下企业职工基本养老保险基金的财务运行状况。

4. 政策模拟与评估部分

在综合考虑企业职工基本养老保险基金财务可持续性的主要影响因素的基础上，利用精算模型，模拟测算实施降低企业职工基本养老保险缴费费率、坐实缴费基数、稳步推进全国统筹和实施渐进式延迟退休年龄以及推进养老金入市等政策下企业职工基本养老保险基金财务的运行状况。

5. 政策建议部分

立足于理论分析和实证检验的结果，充分贯彻党的二十大、"十四五"

规划纲要，从优化基本养老保险制度的视角提出了促进企业职工基本养老保险基金财务可持续性的相关政策建议。具体包括：一是促进企业职工基本养老保险基金财务可持续性的基本思路，主要包括强化社会保险征收的法律依据、完善基本养老保险全国统筹和明确养老保险中不同责任主体的责任范围；二是优化制度参数，完善基本养老保险制度设计的具体建议，主要包括完善多层次、多支柱养老保险体系，实施渐进式延迟法定退休年龄政策，健全基本养老保险待遇调整机制；三是增强企业职工基本养老保险基金财务可持续的配套改革，主要包括提升社会保障基金运营管理能力、加快社保信息系统的规范化建设和以数字经济为依托提升信息的治税能力。

二、主要研究内容

以切实推动企业职工基本养老保险基金财务可持续性为基本问题导向，结合当前我国经济社会的发展，为提高养老保险制度可持续运行、建立完善的社会保障制度等提供基本思路。本书包括 10 章内容，具体研究内容如下：

导论首先介绍了研究背景及意义，由此引出本书的研究主题。其次，梳理关于该选题的国内外研究成果，并从中发现现有研究需要完善的部分。在此基础上，对相关核心概念进行界定及衡量测度。再次，详细介绍研究思路及主要研究内容与方法。最后，总结本书可能存在的创新及不足之处。

第一章是基本养老保险基金财务可持续性的理论分析，是本书的逻辑起点。具体包括理论依据、机理分析与研究假设三方面内容。首先，基于可持续发展理论、基金收支平衡理论、公共财政理论等经典学说，提出了本书的理论依据。其次，明确了统筹层次、缴费费率与缴费基数、人口年龄结构对基金财务可持续性的影响机理，为分析基金财务可持续性夯实了理论基础。最后，对研究假设进行抽象分析，分别提出统筹层次、缴费费率和人口年龄结构对基金财务可持续性影响的研究假设，从而为构建统筹层次、缴费费率和人口年龄结构对基金财务可持续性影响的实证研究奠定基础。

第二章是企业职工基本养老保险基金财务可持续性的现状分析。首先，明晰企业职工基本养老保险基金支出安排及特点，其中，基金支出的制度安排主要包括养老金待遇由统筹养老金和个人账户养老金组成、政府补贴弥补基本养老保险基金支付缺口等方面，基金支出呈现快速增长的特点。其次，梳理企业职工基本养老保险基金收入安排及特点，其中，基金收入的制度安排主要包括养老保险模式实行社会统筹与个人账户相结合、企业和个人缴费以及政府补贴充实基金收入等方面，基金收入呈现缩减且增速放缓的特点。最后，分别从待遇充足、成本负担、支付能力等视角出发，对企业职工基本养老保险基金财务可持续的总体状况进行研判。

第三章是企业职工基本养老保险基金财务可持续性的模拟测算。首先，构建人口预测模型，基于队列要素法，利用 PADIS-INT 人口预测软件，对未来企业职工参保人口进行预测。其次，在对精算参数进行校准和设定的前提下，利用动态性指标（精算模型），在不考虑其他影响因素的前提假设下，模拟测算企业职工基本养老保险基金的财务运行状况，以期与后续的政策模拟效果进行对比。最后，利用敏感性检验对精算模拟的测算结果进行验证。

第四章是统筹层次对企业职工基本养老保险基金财务可持续性影响的实证分析。首先，以各省份渐进式统筹层次改革政策为外生冲击，构建渐进双重差分计量模型，研究统筹层次对基金财务可持续性的影响。同时，对计量分析结果进行反事实检验和稳健性检验。其次，利用精算模型在对人口结构和参数设定的基础上，基于 2018 年实施养老保险基金中央调剂金制度，分别模拟测算未实行中央调剂金制度、中央调剂比例为 3% 和中央调剂金比例为3.5% 下企业职工基本养老保险基金的财务运行状况，即从动态视角模拟测算中央调剂金制度对省际养老保险基金财务可持续性的影响。

第五章是缴费率对企业职工基本养老保险基金财务可持续性影响的实证分析。首先，利用双向固定效应模型实证分析缴费率对企业职工基本养老保险基金财务可持续性的影响，并对其进行异质性分析和稳健性检验。其次，利用精算模型在对精算模型参数设置的基础上，从动态视角分别模拟测算缴费比例不变，缴费遵从度调整和缴费比例变动，缴费遵从度调整等两种方案对企业职工基本养老保险基金财务可持续性的影响。

第六章是人口老龄化对企业职工基本养老保险基金财务可持续性影响的实证分析。首先，分别利用中介效应模型、门槛效应模型实证分析人口老龄化对基金财务可持续性的影响，并进行稳健性检验。其次，利用精算模型在对总和生育率、法定退休年龄等精算参数校准设定的基础上，从动态视角分别模拟测算实行"全面二孩"政策、"男女分开延迟"退休方案和"男女一起延迟"退休方案等对企业职工基本养老保险基金财务可持续性的影响。

第七章是企业职工基本养老保险基金财务可持续性的政策模拟与评估。首先，对年龄参数、缴费基数、缴费比例及缴费遵从度和其他参数进行设定。其次，利用精算模型，从长期视角模拟测算降低企业职工基本养老保险缴费费率与坐实缴费基数、稳步推进全国统筹、进一步实施渐进式延迟退休政策和推进养老保险基金入市等方案对基金财务可持续状况的影响。

第八章是促进企业职工基本养老保险基金财务可持续性的对策建议。根据研究结果，从可实施、可操作的角度提出促进企业职工基本养老保险基金财务可持续性的对策建议。首先，促进企业职工基本养老保险基金财务可持续性的基本思路，主要包括强化社会保险征收的法律依据、完善基本养老保险全国统筹和明确养老保险中不同责任主体的责任范围。其次，优化制度参数，完善基本养老保险制度设计的具体建议，主要包括完善多层次、多支柱养老保险体系，实施渐进式延迟法定退休年龄政策，健全基本养老保险待遇调整机制。最后，增强企业职工基本养老保险基金财务可持续的配套改革，主要包括提升社会保障基金运营管理能力、加快社保信息系统的规范化建设和以数字经济为依托提升信息治税能力。

第九章是研究结论与展望。首先对主要研究结论进行了梳理，其次对未来研究做出了展望。

第五节　研究方法

一、规范分析法

从理论逻辑上阐明影响企业职工基本养老保险基金财务可持续性的作用机制。具体而言，一方面基于可持续发展理论、公共财政理论与基金收支平衡理论等，对企业职工基本养老保险基金财务可持续性进行理论抽象，为研究我国企业职工基本养老保险基金财务可持续性奠定充足的理论基础。同时，系统地对相关概念进行界定，并对企业职工基本养老保险基金财务可持续性构建了一般性的测度标准。另一方面从影响因素的研究视角出发，分别基于统筹层次、缴费费率与缴费基数、人口年龄结构等影响因素，分析其对企业职工基本养老保险基金财务可持续性影响的作用机制。

二、实证分析法

基于计量分析模型和保险精算模型，针对统筹层次、缴费费率与费基、人口年龄结构影响企业职工基本养老保险基金财务可持续性的机制展开实证研究。在梳理基本养老保险基金统筹层次、缴费费率等政策演变的基础上，通过构建准自然实验的办法，分别利用渐进双重差分模型、双向固定效应模型以及中介效应模型和门槛效应模型检验统筹层次、缴费费率和人口老龄化对企业职工基本养老保险基金财务可持续性的影响。同时，利用保险精算模型，考察中央调剂金比例的变动、缴费比例与缴费遵从度的调整、生育政策和退休政策的实施等不同方案下企业职工基本养老保险基金财务运行状况。实证分析所需的数据来自各年度《中国税务年鉴》《中国财政年鉴》《中国人口和就业统计年鉴》《中国人力资源和社会保障年鉴》以及人力资源和社会保障事业发展统计公报、中央和地方预算报告等。

三、静态分析和动态分析方法相结合

在研究中，既注重从静态层面，利用层次分析法，构建企业职工基本养老保险基金财务可持续体系，从时效性、阶段性与针对性对企业职工基本养老保险基金财务可持续的发展现状进行研判，又注重从动态层面，利用保险精算模型，构建企业职工基本养老保险基金累计结余模型，从中长期视角对企业职工基本养老保险基金财务可持续状况进行模拟测算，为研究企业职工基本养老保险基金财务可持续性提供统计支撑，从而为促进企业职工基本养老保险基金财务可持续性夯实理论和实证基础。

第六节　研究创新与不足

本书可能的创新点主要体现在以下两个方面：

第一，立足于促进社会保障事业高质量发展、可持续发展的时代背景，构造了企业职工基本养老保险基金财务可持续指数。与以往研究不同，从静态视角和动态视角出发，构造了更加符合我国实际情况的静态性衡量指标和动态性衡量指标。所谓静态性衡量指标，是指利用层次分析法，从多维度、多视角出发，选取了衡量企业职工基本养老保险基金财务可持续性的层次指标和评价指标，即构建了包括三个一级指标、九个二级指标的企业职工基本养老保险基金财务可持续性指标体系，并计算出企业职工基本养老保险基金财务可持续指数。所谓动态性衡量指标，是指利用精算模型对企业职工基本养老保险基金财务可持续性进行中长期的动态预测，从而丰富了对企业职工

基本养老保险基金财务可持续性的测度方法。

第二，将计量模型和保险精算模型纳入同一实证分析框架内，综合运用多种研究方法展开研究。本书同时运用计量模型和精算模型进行实证分析，分别利用渐进双重差分模型、双向固定效应模型、中介效应模型和门槛效应模型进行计量分析，同时又利用保险精算模型，通过对关键精算参数进行设定，进一步将精算参数引入精算模型内，模拟测算企业职工基本养老保险基金的财务运行状况，为研究企业职工基本养老保险基金财务可持续性提供实证支撑。

本书的不足之处主要体现在：第一，精算参数的设定仍需进一步校准。虽然本书对精算参数进行了较为准确的设定，但考虑到经济发展，影响保险精算参数设定的因素较多，导致精算参数的设定难以完全有效地量化。第二，实证分析有待进一步深化。囿于地市级数据获取的局限性，本书实证分析数据主要利用省级面板数据研究企业职工基本养老保险基金财务可持续性，利用地市级数据进行实证分析仍有待进一步深化。

第一章 基本养老保险基金财务
可持续性的理论分析

企业职工基本养老保险基金财务可持续性问题，既是重要的理论问题，也是亟待解决的实践问题。促进企业职工基本养老保险基金财务可持续发展，不仅是在新发展格局下，确保广大人民群众共享改革发展的成果、增进人民福祉，也是保障我国经济平稳运行、促进社会保障制度可持续发展、实现社会公平的重要保障。在研究企业职工基本养老保险基金财务可持续性问题时，必须厘清与之相关的理论依据及其作用机理，这也是本书研究的逻辑起点。

第一节 基本养老保险基金财务
可持续性的理论依据

基于可持续发展理论、基金收支平衡理论和公共财政理论，从规范层面提出基本养老保险基金财务可持续性的理论依据。

一、可持续发展理论：养老保险制度的内在可持续原则

"可持续发展"概念的提出，源于人类对大自然、生态环境的关注。在

1789 年出版的《人口原理》中，马尔萨斯最早提出了可持续发展思想。马尔萨斯（1992）认为，人口的快速增长是产生饥饿、战争和灾荒的根源，马尔萨斯从可持续发展的意义探讨了人口问题的本质，而关于可持续发展的研究正在逐步深化。

20 世纪 70~90 年代，可持续发展的科学思想在联合国等国际组织会议上得到真正体现。1972 年，人类环境会议提出了"只有一个地球"的口号，其中蕴含了经济发展与生态环境保护相协调的可持续发展思想。1980 年，国际自然保护同盟制定《世界自然资源保护大纲》，系统地阐述了可持续发展思想，并首次提出可持续发展概念，即在提高生活质量的同时，合理地利用生物圈，使其既满足当代人的需要，又满足后代人的需求，促进可持续发展。

经过几十年的研究发展，可持续发展成为世界各国政府和人民重点关注的焦点问题之一，可持续发展的研究内容也得到了延伸，可持续性原则、公平性原则和共同性原则也成为可持续发展的主要原则。同时，社会保障的可持续发展问题也引起了学者的重点关注。

社会保障问题不仅涉及人口与社会资源的利用，还与经济社会可持续发展息息相关。养老保险制度作为社会保障制度的重要内核，更需要实现可持续发展。就理论上而言，一方面，养老保险制度的产生是经济社会可持续发展的要求，也是工业化、产业化的必然结果，更是社会经济发展到一定阶段的必然产物。另一方面，随着养老保险制度的建立，制度变迁所累积的养老保险基金收入也是经济社会可持续发展的重要动力，这体现了可持续发展的原则。

同时，养老保险制度具有内在可持续发展的要求，从短期来看，它仅涉及当前在职工作人口和离退休人口之间的收入再分配问题；从长期来看，其涉及多代人之间的资源分配问题。简言之，未来工作人口需要担负得起其前一代人的养老需求，这也暗含了可持续发展的公平性原则，即代际间的纵向公平原则。无论是从短期视角看，还是从长期视角看，都要求养老保险制度应具备可持续性，即可持续发展的要求已蕴含在养老保险制度中。

基金财务可持续性是制度可持续发展的物质基础和关键所在，养老保险基金财务可持续发展，不仅要求当前的养老待遇水平可以满足当前退休老龄人群的养老需求，还要求保证不牺牲在职一代退休后的养老待遇水平，即符合代内间的横向公平性和代际间的纵向公平性，这体现了可持续发展的公平性原则。另外，还要求养老保险基金具备应对未来长寿、老龄化等各类风险的能力，即要求养老保险基金具备动态可持续发展，这充分体现了可持续发展原则。换言之，可持续发展理论体现了养老保险制度的内在可持续性原则，这也为研究企业职工基本养老保险基金财务可持续性提供了重要的理论依据。

二、基金收支平衡理论：养老保险基金财务可持续性的重要前提

根据养老保险基金的筹资方式不同，养老保险基金的财务模式主要可分为现收现付制和基金积累制。现收现付制要求当期基金收入等于当期基金支出，即保持基金当期平衡，符合短期收支平衡理论。基金积累制是规定企业按照一定的缴费标准为在职职工缴纳养老保险，也规定在职职工（参保人）按照一定的缴费比例，按月缴纳养老保险到个人账户，以此形成基金积累，并通过将基金投资运营，从而形成投资收益。换言之，基金积累制强调长期动态平衡，符合长期收支平衡理论。

根据现收现付筹资模式下的短期收支平衡理论，可以从理论上深度分析现收现付筹资模式下的基金财务平衡条件。具体而言，现收现付筹资模式下的基金财务平衡的理论模型为：

养老保险基金收入＝缴费费率×参保在职职工人数×社会平均工资　　（1-1）

养老保险基金支出＝参保退休职工人数×职工平均养老金　　　　　　（1-2）

根据基金收支平衡公式可得：

缴费费率×参保职工人数×职工社会平均工资＝参保退休职工人数×职工平均养老金 (1-3)

即可得：（养老金/职工社会平均工资）＝缴费费率×（参保在职职工人数/参保退休职工人数） (1-4)

由等式（1-4）可知，等式左边代表的是养老保险基金替代率，等式右边第二项代表的是养老保险制度赡养率。由基金收支平衡公式可知，在现收现付筹资模式下，当参保退休职工人数增加，将提高养老保险基金支出水平，换言之，现收现付筹资模式下的养老保险制度更容易受到人口老龄化以及长寿风险的冲击，尤其是当期老年人口的养老需求由当期在职工作人口创造的劳动财富来支付。

根据基金积累制筹资模式下的长期收支平衡理论，可以从理论上深度分析基金积累制筹资模式下的基金财务平衡条件。参考彭碧荣（2015）的研究，假定个人账户总积累额为 Q，养老金总现值额为 Y。R 代表养老金缴费率，W 代表初始年份的社会平均工资水平，g 代表工资增长率，r 代表利息率，m 代表工作年份，B 代表养老金替代率，n 代表退休年份，n/m 代表自我负担率（即退休年数与工作年数的比率，它反映出个人需工作并缴费多少年才能满足整个退休期间的养老需求），则基金积累制筹资模式下的基金收支平衡条件的数理模型如下：

$$Q=RW\times(1+r)^m\times[1+(1+g)/(1+r)+(1+g)^2/(1+r)^2+\cdots+(1+g)^{m-1}/(1+r)^{(m-1)}]$$ (1-5)

$$Y=BW\times(1+g)^m\times[1+(1+g)/(1+r)+(1+g)^2/(1+r)^2+\cdots+(1+g)^{n-1}/(1+r)^{(n-1)}]$$ (1-6)

假定 g、r、n、m 为常数，则基金积累制筹资模式下的财务平衡条件可简化为：

$$Q=RW\times(1+r)^m\times n$$ (1-7)

$$Y=BW\times(1+g)^m\times n$$ (1-8)

根据基金收支平衡公式可得：$Q=Y$，此时，缴费率可能会有以下情况：

（1）若利息率与工资增长率相等，即 $r=g$

$$RW \times (1+r)^m \times n = BW \times (1+g)^m \times n \tag{1-9}$$

则养老金缴费率 $R = B \times (n/m)$

（2）若利息率与工资增长率不相等，又可分为 $r>g$ 和 $r<g$ 两种：

当 $r>g$ 时，可得 $R < B \times (n/m)$ $\tag{1-10}$

当 $r<g$ 时，可得 $R > B \times (n/m)$ $\tag{1-11}$

根据基金收支平衡公式可知，在基金积累制的筹资模式下，养老保险缴费率既受养老金替代率和自我负担率的影响，也受到养老保险基金收益率和工资增长率的影响。如果养老保险基金收益率低于工资增长率，只有通过提高养老保险缴费率才能保证不降低养老金的实际水平；若要保持养老保险缴费率不变，就不得不降低养老金的实际发放水平。

因此，基金积累制的筹资模式受金融市场和资本环境的影响较大，而为保证养老保险基金收支平衡和财务可持续性，要求养老保险基金具备增值保值的能力，换言之，当金融市场和资本环境较稳定时，基金保值增值能力较强，基金财务更具备可持续性；如果金融市场和资本环境不稳定，存在较高的通货膨胀时，基金增值保值能力较差，此时存在基金贬值的风险，导致基金财务收支平衡被打破，基金财务可持续发展水平较弱。

三、公共财政理论：公共财政兜底养老保险基金收支缺口

政府支出是为了满足社会公众的公共需要，即政府财政支出体现为社会的"公共"支出，这是公共财政的基本内容之一。公共财政仅存在于市场经济环境中，其活动范围仅限于市场失效的领域，即市场不能提供或市场不能很好提供的领域，换言之，主要为市场提供难以按市场原则提供的公共商品与服务（庞凤喜，1999）。养老保险制度作为一种公共产品，其生产和供给等过程离不开政府的介入，而支持公共产品的生产和供给正是发挥公共财政

基本职能的重要体现。

养老保险制度作为社会保障制度的重要组成部分，一般来说，不论养老保障层次的高低、范围的宽窄如何，都只有政府才有能力提供，究其原因是作为微观经济实体，一般性的企业不可能长期承担社会职能；而商业保险市场在养老保险领域存在"市场失灵"，由于存在短视行为以及"4-2-1"的家庭结构，导致家庭（个人）也无法有效地承担起养老保障责任，需要来自政府的支持。换言之，养老保险领域是市场不能较好地起作用的基本公共服务领域之一，公共财政理应满足公民最基本的公共服务需求。

一般而言，政府的责任范围决定了公共财政支出的规模和方向。作为基本养老保险的统筹者，政府承担制定养老保险责任清单的责任；作为基本养老保险的保障者，政府承担着兜底线、保基本、提供基本养老保障服务的兜底责任，即公共财政承担着化解制度转轨成本以及养老金债务风险、保障基础养老金顺利发放的责任。同时，在养老保险基金出现支付风险时，公共财政承担着弥补基金收支缺口责任的最后角色，以保证退休居民可以及时地领取到养老金。作为基本养老保险的监管者，承担着监管养老保险基金使用的责任，即公共财政一方面承担制定养老保险法律法规的成本，另一方面也承担制定监管养老保险基金的征缴、发放和基金的投资运营管理的成本。

理论上，作为公共财政支出的重要组成部分，养老保险基金的财务可持续性受公共财政支出能力的影响较大。当具有足够且可持续的支付能力时，政府才能利用公共财政支出手段，为养老保险基金财务可持续发展的实现提供更多的财力支持，如稳定的公共财政支付能力，可以提高养老保险的待遇水平，进而有利于提升基金财务可持续发展的能力，即公共财政兜底养老保险基金收支缺口，这也是实现基金财务可持续发展的重要财力保障。

第二节　基本养老保险基金财务可持续性的影响因素及机制分析

一般而言，基本养老保险基金财务可持续性必然受诸多基础性因素的影响，主要包括统筹层次、缴费率与缴费基数以及人口年龄结构等。因此，明晰统筹层次、缴费率与缴费基数以及人口年龄结构对基本养老保险基金财务可持续性的影响机理，对研究企业职工基本养老保险基金财务可持续性问题，具有重要的理论建构价值与现实指导意义。

一、统筹层次与基本养老保险基金财务可持续性

理论上，统筹层次越高，其功能和发挥作用就越强、越全面，对基本养老保险基金财务可持续性的正向影响就越大，也就越有利于增强基本养老保险基金财务可持续性（见图1-1）。但不同的统筹层次对基本养老保险基金财务可持续性的影响效果不同。

图1-1　统筹层次影响基本养老保险基金财务可持续性的作用路径

如县、市级统筹，由于该统筹层次较低，作为初级统筹层次，其缴费率、缴费费基以及对基金运营和监管是在较小的范围内实施，其对养老保险基金的使用也呈现分散状态，基金收支不能在较广的区域内流动，各区域内的养老负担只能依靠各区域的基金收入，更容易导致区域内部的基金收支不平衡，从而导致基本养老保险基金财务可持续能力下降，可能阻碍养老保险制度的可持续发展。

省级统筹打破了基金在县、市级运行的"壁垒"，实现了基金在省级范围内的统一管理。相较于初级统筹层次，省级统筹实现了缴费率、缴费费基以及基金运营和监管在省级范围内的统一实施，但对养老保险基金使用呈现分散状态，基金收支结余和缺口仅能在省级区域内流动，无法对省际间的缺口进行调剂补充，换言之，基金收支不能在省际区域内部流动，各区域内的养老负担只能依靠各区域的基金收入，更易导致区域内部的基金收支不平衡，从而加剧养老保险基金财务非持续发展的风险。

全国统筹，作为最终的目标，打破了基金在县、市级和省级运行的"壁垒"，实现了基金在全国范围内的统一管理。相较于省级统筹层次，全国统筹实现了缴费率、缴费费基以及基金运营和监管在全国范围内的统一，其对养老保险基金的使用呈现聚集状态，基金收支结余和缺口可以在全国区域内流动，实现了对全国养老保险基金缺口调剂的最大可能性，基金收支在全国区域内部流动，各区域内的养老负担不仅可以依靠各区域的基金收入，在一定程度上还可以通过全国范围内的基金调配使用，基金收支不平衡的问题得以解决，相应地，基金财务可持续的发展水平也得到了提升。

二、缴费率、缴费基数与基本养老保险基金财务可持续性

基本养老保险缴费率与缴费基数直接影响着养老保险基金收入的征缴水平，就基本养老保险缴费基数而言，养老保险缴费基数的大小与养老保险基金收入的高低是同向变动的关系。理论上而言，在其他参数不变的前提下，养老保险缴费基数越高，则企业职工基本养老保险基金收入水平就越高、基金可支付能力就越强、基金财务可持续发展能力就越大。由于养老保险缴费基数由职工工资水平决定，养老保险基金的缴费费基并不是无限制增加的，其取决于经济发展水平。在其他参数不变的前提下，当养老保险基金的缴费费基扩大，则养老保险基金收入水平相应提高，从而使养老保险基金收入对基金财务可持续性所提供的支持更多。

就基本养老保险缴费率来看，理论上，在其他影响因素不变的前提下，在一定的缴费比例范围内，养老保险缴费率越高，则整体养老保险基金收入就越高，养老保险基金财务可持续性就越强（见图1-2）。但值得关注的是，养老保险缴费率并不是越高越好，其需要设定在个人和企业都能承受的范围内，否则就会产生负面效应。尤其是对企业和个人而言，缴费率的高低将直接影响社会劳动力的就业规模与职工收入水平。过高的养老保险缴费率，一方面可能导致企业缴费遵从度下降，甚至可能出现逃费、欠费与不足额缴费的行为，从而导致征缴成本上升，基金收入下降，可能抑制基金财务可持续发展。另一方面企业的劳动力成本增加，可能使企业降低企业对劳动力的需求，甚至缩小生产规模，导致整体就业水平下降，劳动力工资水平下降，甚至可能降低缴费基数，从而导致基金收入下降、基金财务可持续性水平降低。

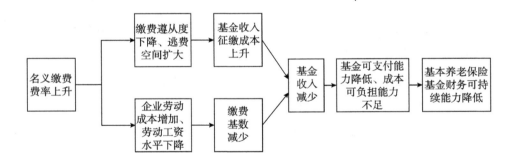

图1-2　缴费率影响基本养老保险基金财务可持续性的作用路径

三、人口年龄结构与基本养老保险基金财务可持续性

人口年龄结构，是指按照年龄阶段对人口进行划分，可分为儿童、青壮年和老年人。作为劳动力的主要提供者，青壮年人口的比重反映了养老保险基金收入来源的范围和规模；作为养老保障服务的需求者，老年人口占比反

映了老龄人口对养老保障服务的需求，表现在养老保险基金支出的范围和规模上（见图 1-3）。

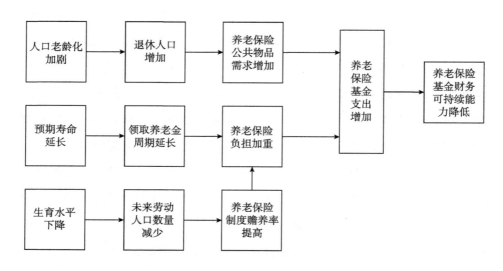

图 1-3 人口年龄结构影响基本养老保险基金财务可持续性的作用路径

人口老龄化、人口预期寿命以及生育水平等变动对养老保险基金财务可持续性的影响是非常显著的。当一个国家的人口越来越趋向于老龄化时，表明老龄人口在总人口中所占的比例是逐年上升的，退休人员日益增多，老龄人口对养老服务等公共产品的需求规模越来越大，可能导致基金支出规模扩大。在基金收入不发生较大变动的情况下，养老保险基金收支缺口会逐年增大，收不抵支现象会越来越严重，从而影响养老保险基金财务可持续发展。

当人口预期寿命延长，在退休年龄不变的前提下，将导致退休居民领取养老金的周期延长，当期的养老保险基金收入无法支付当期退休人口的养老服务需求，可能会加剧基金收支缺口，从而导致养老保险基金财务可持续水平降低。当生育水平发生变动时，直接导致当期儿童数量发生变化。换言之，当生育水平下降时，出生儿童数量下降，导致未来劳动人口数量下降，直接导致未来养老保险基金缴费人数的减少。在生育率下降叠加人口老龄化的双重影响下，退休职工与在岗职工数量的比重较高，即制度赡养率较高，造成养老金领取人数大大地超过缴费人数，制度负担也就越重，甚至可能制约养老保险基金财务可持续发展。

第三节　基本养老保险基金财务可持续性的研究假设

在明确基本养老保险基金财务可持续性的影响机理的基础上，分别提出统筹层次、缴费费率和人口老龄化对企业职工基本养老保险基金财务可持续性影响的研究假设，从而为构建统筹层次、缴费费率和人口老龄化对基金财务可持续性影响的实证分析提供重要的支撑。

一、提高统筹层次可以促进企业职工基本养老保险基金财务可持续发展

我国"十四五"规划提出要实现企业职工基本养老保险全国统筹。2022 年 1 月，我国正式启动实施企业职工基本养老保险全国统筹。截至目前，全国统筹正式启动实施的时间仅为两年，政策实施成效需持续关注。因此，在实证研究中暂不考虑全国统筹对企业职工基本养老保险基金财务可持续性的影响。

囿于制度改革的复杂性，在全面实现养老保险省级统筹后，省级统筹实现了缴费率、缴费费基以及基金运营和监管在省级范围内的统一，相较于县市级统筹，对养老保险基金收支的结余和缺口可以在省级区域内充分流动。在较高的统筹层次下，养老保险基金可以实现在更大范围内的统一管理和调配使用，从而分散了基金收支缺口的支付风险。因此，从长期可持续发展的角度来看，提高统筹层次可以缩小养老保险基金收支缺口、提升养老保险基

金财务可持续性。基于上述分析，本书提出如下有待验证的理论假说：

理论假说 1：提高统筹层次可以促进企业职工基本养老保险基金财务可持续发展。

二、缴费率与企业职工基本养老保险基金财务可持续间存在倒 U 形关系

理论上，企业职工基本养老保险缴费率影响基金收支平衡，也对企业成本及劳动者的参保行为有着重大影响。Graham 等（2014）的研究认为，降低政策缴费率，可以降低企业的避税动机。赵健宇等（2020）的研究也认为，在一定范围内，降低养老保险政策缴费率，可以降低企业的偷税、逃费行为，提高企业的征缴率。郑秉文（2016）的研究指出，当名义费率水平超过"合意点"后，企业和个人逃费冲动加剧；而当名义费率水平超过临界点后，企业和个人将逃费"冲动"转化为"行动"，此时道德风险猖獗，从而直接扭曲缴费行为，导致缴费收入出现断崖式下跌，基金可持续发展动力不足。这时，决策者应采取降费措施，既可以避免缴费行为的"扭曲"，也可以增加缴费者的"获得感"。基于上述分析，本书提出如下有待验证的理论假说：

理论假说 2：基本养老保险缴费率与企业职工基本养老保险基金财务可持续间存在非线性关系，即当基本养老保险政策缴费率高于极值点时，提高政策缴费率将抑制企业职工基本养老保险基金财务可持续发展。

三、人口老龄化程度加重会降低企业职工基本养老保险基金财务可持续性

参考李小林等（2020）的研究，首先，假定个体生命周期内仅存在劳动期和退休期，在 T_1 时期，退休人口数量为 L_0，劳动人口数量为 L_1；在 T_2 时期，劳动人口数量为 L_2；以此类推可知，T_n 时期退休人口数量为 L_{t-1}，劳动人口数量为 L_t。

其次，假定在 T_n 时期，社会平均工资和养老保险缴费率分别为 w_t 和 m_t，

此时劳动人口所缴纳养老保险基金为 $m_t w_t L_t$。则现收现付制下退休老龄人口的人均养老金水平 w_t^m 可以表示为：

$$w_t^m = m_t w_t L_t / L_{t-1} \tag{1-12}$$

最后，假定在 T_n 时期，用 β_t 表示养老金标准系数，则 $\beta_t w_t$ 即可表示为退休老龄人口的人均养老金收入。由此可得如下等式：

$$m_t w_t L_t / L_{t-1} = \beta_t w_t \tag{1-13}$$

整理等式（1-12）和等式（1-13）可得：

$$m_t = \beta_t L_{t-1} / L_t \tag{1-14}$$

将人口老龄化率 $\delta_t = L_{t-1} / L_t$ 引入等式（1-14），可得：

$$m_t = (\beta_t L_{t-1} / N_t) / (L_t / N_t) = \beta_t \frac{\delta_t}{1 - \delta_t} \tag{1-15}$$

整理等式（1-15），可得：

$$\beta_t = m_t \left(\frac{1}{\delta_t} - 1 \right) \tag{1-16}$$

由等式（1-16）可知，人口老龄化率 δ_t 与养老金标准系数 β_t 呈反向变动关系。在人口老龄化加剧、老龄化率 δ_t 上升的背景下，为了维持退休老龄人口养老金待遇的稳定增长，只能提高养老保险缴费率 m_t。但这与当前不断降低缴费率的现实相背离，即缺乏提高养老保险缴费率的现实可行性，因此人口老龄化的加剧会削弱养老保险基金的支付能力，从而降低基金财务可持续性。由此，本书提出如下有待验证的理论假说：

理论假说3：人口老龄化的加深会降低企业职工基本养老保险基金财务可持续性。

城镇化进程的加快可能产生两个方面的影响：一方面，城镇化的发展使城镇人口规模增加，甚至有可能提高城镇劳动供给水平；但人口老龄化的加剧将导致退休需赡养的老龄人口的快速增加，较多的劳动人口退出劳动力市场。对于现收现付制而言，当离退休劳动人口的增加速度远快于劳动供给人口的增长速度时，由于劳动供给人口不足，养老保险基金将同时面临基金征缴收入减少和基金支付压力增加的双重困境，从而导致基金财务可持续发展动力不足。

另一方面，城镇化的发展可能使产业结构进行升级调整以及劳动报酬水平增加，从而可能扩大公共财政收入和养老保险基金收入的规模，有利于基金财务的可持续发展。从现收现付制视角来看，工作在职人口缴纳的养老保险基金是基金收入的重要来源，而在职人口所缴纳的养老保险基金规模取决于劳动人口的工资水平，尤其是当产业结构由第一产业向第二、第三产业变迁时，稳定的就业率、劳动生产率和收入水平，有利于养老保险基金收入的筹集，有利于提升企业职工基本养老保险基金的财务可持续性。基于上述分析，本书提出如下有待验证的理论假说：

理论假说 4：人口老龄化通过劳动供给的中介变量，对企业职工基本养老保险基金财务可持续性产生负向影响。

理论假说 5：人口老龄化通过产业结构的中介变量，对企业职工养老保险基金财务可持续性产生正向影响。

同时，经济发展相对较为快速的地区，其城镇化发展水平相对较高，而经济发展相对较为缓慢的地区，其城镇化发展水平相对较低。离退休人口相对较多、在职工作人口相对较少的地区，其老龄化进程也相对较快；而离退休人口相对较少、在职工作人口相对较多的地区，其老龄化进程相对较为缓慢。因此考虑到不同地区的城镇化发展水平和老龄化进程的差异，可能导致人口老龄化对基金财务可持续性的影响存在门槛效应。因此，本书提出如下待验证的理论假说：

理论假说 6：当劳动供给处在不同的门限区域内，人口老龄化对基金财务可持续性的影响效果具有显著的门限效应。

理论假说 7：当产业结构处在不同的门限区域内，人口老龄化对基金财务可持续性的影响效果具有显著的门限效应。

第二章　企业职工基本养老保险基金财务可持续性的现状分析

党和国家对养老保险制度改革进行了积极探索，已形成了覆盖全社会的养老保障体系。但从实际情况来看，虽然《中华人民共和国社会保险法》（以下简称《社保法》）对我国企业职工基本养老保险基金支出、收入已进行了明确的制度安排，但由于顶层设计尚处于完善之中，因此企业职工基本养老保险基金的收入规模、支付规模存在一定的地区差异，从而影响养老保险制度的可持续发展。

第一节　企业职工基本养老保险基金支出安排及特点

一、养老金待遇由统筹养老金和个人账户养老金组成

养老金待遇是指在工作时期参加养老保险的劳动人口，在达到规定的缴费年限、满足规定的离退休条件和具备享受养老待遇的资格后，在其退休老

龄时期可以获得一定的以货币形式提供的基本养老金，其主要用途是满足退休老龄群体的养老服务需求。《社保法》第十六条除对缴费年限进行明确规定外，还要求在享受养老金待遇时，已经达到法定退休年龄；第十五条对基本养老金的内容进行明确阐述，即养老金待遇由统筹养老金和个人账户养老金组成。具体而言，由于缴费基数和缴费年限是直接影响统筹养老金的重要因素，而缴费基数又受当期在职职工收入的影响，因此统筹养老金的确定受上述因素的直接影响。同时，由于城镇居民的平均预期寿命和个人账户储存额是影响个人账户养老金的重要因素，尤其是个人账户储存额是退休老龄人口在工作时期内每月由个人缴纳养老保险基金的总额，因此个人账户养老金的确定受上述因素的直接影响。

二、政府补贴弥补基本养老保险基金支付缺口

《社保法》第十三条规定了政府财政在基本养老保险方面的支付责任，即基本养老保险基金出现支付不足时，政府给予补贴。政府是社会养老保障的当然主体，在养老保险基金出现缺口时，企业和个人无法单独、有效地承担责任，国家财政需要承担社会保险的支付风险，即国家必须扮演最后出场的角色，这也是根据政府责任和公共财政支付范围确定的。换言之，养老保险作为社会保险的重要内容之一，当养老保险出现支付风险和面临支付缺口时，公共财政不得不为其兜底，以保障退休居民可以及时地领取到养老金。

三、基本养老保险基金支出快速增长

2001~2021 年，企业职工基本养老保险基金支出（以下简称基金支出）的绝对规模呈现上涨状态，由 2001 年的 2116.5 亿元增长至 2021 年的 38784.04 亿元（见图 2-1）。这种绝对规模的增长，一方面归因于政策覆盖人群范围的扩张，另一方面则是由于养老保险待遇水平的提高。从企业职工基本养老保险支出覆盖人群来看，2001~2020 年的 20 年间，离退休人员的数

量由 3169. 94 万人增长至 12762. 30 万人，覆盖人群数量增长了 3 倍之多。从
养老金发放年平均待遇来看，从 2001 年的 0. 69 万元上涨到 2020 年的
4. 02 万元，年平均待遇的增长规模达 5 倍之多。从养老金的社会发放率来
看，从 2011 年的 79% 增长至 2020 年的 89%，主要与人口老龄化进程加快、
退休人口数量的增长有关，直接引致企业职工基本养老保险基金支出总量及
覆盖范围的逐年增加。

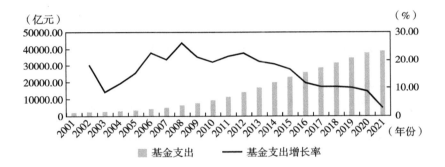

图 2-1　2001~2021 年企业职工基本养老保险基金支出变动情况

资料来源：《中国人力资源和社会保障统计年鉴 2019》、2001~2017 年《人力资源和社会保障事
业发展统计公报》、2018~2021 年 "全国社会保险基金支出决算表"。

　　从基金支出的增长率来看，2001~2021 年，企业职工基本养老保险基金
支出的增长率呈现出跌宕起伏的变化趋势。具体而言，2003 年企业职工基本
养老保险基金支出增长速度呈现出断崖式下跌，由 2002 年的 18. 25% 下跌至
8. 3%。在 2008 年，企业职工基本养老保险基金支出的增长速度高达
26. 27%，成为近 19 年来基金支出增长速度最高的年份。而除这两个特殊年
份以外，2017~2019 年，企业职工基本养老保险基金支出的增长速度一直保
持在 10% 以上，呈现出较为平稳的发展态势。

　　从企业职工基本养老保险支出占财政总支出的比重来看，2000 年我国企
业职工基本养老保险支出占财政总支出的比重仅为 2. 4 个百分点，与 OECD

国家相比，基本处于最低位。而历经 15 年的发展，2015 年我国养老金支出占财政总支出的比重，已经由 2.4%上升至 14.7%，上升了近 13 个百分点，与 OECD 国家平均水平的 18.4%相比，也仅有 3.7 个百分点之差，增长速度之快可见一斑（见表 2-1）。而就企业职工基本养老保险支出占 GDP 的比重这一衡量指标来看，1990 年我国这一指标仅为 0.8%，养老金支出占 GDP 的比重可谓是微乎其微，2015 年养老金支出占 GDP 的比重已经高达 3.7%，增长了 2.9 个百分点，可见养老金支出的增长速度快于 GDP 的增长速度。

表 2-1　OECD 国家与中国企业职工基本养老保险基金支出对比情况

单位：%

国家	企业职工基本养老保险支出占财政总支出的比重		企业职工基本养老保险支出占 GDP 的比重				
	2000 年	2015 年	1990 年	2000 年	2005 年	2010 年	2015 年
冰岛	5.1	4.9	2.2	2.1	1.9	1.6	2.1
墨西哥	—	7.9	0.4	0.8	1	1.6	2.2
韩国	5.4	9	0.7	1.3	1.5	2.1	2.9
澳大利亚	11.4	11.4	3.1	4.7	3.7	3.8	4.3
加拿大	10.1	11.5	4.2	4.2	4	4.3	4.7
以色列	9.4	12	—	4.5	4.7	4.8	4.8
荷兰	11.2	12	6.3	4.7	4.7	5	5.4
爱尔兰	9.5	12.4	4.8	2.9	3.2	4.9	3.6
新西兰	13	12.7	7.2	4.8	4.2	4.6	4.9
挪威	11.2	13.5	5.5	4.7	4.8	5.2	6.6
瑞典	12.9	14.4	7.3	6.9	7.2	7.3	7.2
中国	2.4	14.7	0.8	0.5	2.2	2.6	3.7
丹麦	12	14.8	6.1	6.3	6.5	7.2	8.1
英国	13.4	14.8	4.5	4.8	5	6.3	6.2
斯洛伐克	12	16.2	—	6.3	6	6.8	7.3
爱沙尼亚	16.5	17.4	—	6	5.3	7.6	7
匈牙利	15.8	18.4	—	7.4	8.3	9.6	9.2
拉脱维亚	23.2	18.4	—	8.7	5.5	9.3	7

续表

国家	企业职工基本养老保险支出占财政总支出的比重		企业职工基本养老保险支出占 GDP 的比重				
	2000 年	2015 年	1990 年	2000 年	2005 年	2010 年	2015 年
OECD 平均	16.3	18.4	6.3	6.6	6.8	7.7	8
美国	16.7	18.7	5.8	5.6	5.7	6.6	7.1
瑞士	17.8	19.1	5.1	6	6.2	6.1	6.5
立陶宛	17.9	19.2	—	7.1	5.7	7.7	6.7
捷克	16.8	19.4	5.6	6.9	6.7	8.1	8.1
比利时	17.8	19.9	8.9	8.8	8.9	9.8	10.7
芬兰	15.5	20	7.2	7.4	8.1	9.8	11.4
卢森堡	18.8	20.1	7.8	7.1	7.8	8	8.4
土耳其	—	21.4	0.7	1.8	6	7.4	7.1
德国	24.2	23.1	9.5	10.8	11.1	10.6	10.1
斯洛文尼亚	22.4	23.3	—	10.3	9.7	11	11.1
日本	—	23.9	4.7	7	8.1	9.6	9.4
法国	22.2	24.4	10.4	11.4	12	13.2	13.9
西班牙	21.5	25.2	7.7	8.4	7.9	9.1	11
奥地利	23.3	26.1	11.3	11.9	11.9	13	13.3
波兰	24.9	26.4	5	10.5	11.3	11.1	11.1
葡萄牙	18.3	27.7	4.8	7.8	10	12	13.3
希腊	21.9	31.3	9.5	10.2	11.4	14.2	16.9
意大利	28.9	32.2	11.4	13.5	13.7	15.4	16.2
智利	—		8	5	3.7	3.4	2.9

资料来源：2019 年全球养老金发展概览、国家统计局网站。

2012~2020 年这 9 年间，大部分省份的企业职工基本养老保险基金支出大幅增长，如表 2-2 所示。从基金支出的绝对规模来看，基金支出最多省份是江苏省，在 2020 年高达 3566.4 亿元，广东、山东紧随其后，分别为 3313.6 亿元和 3162.1 亿元，同时，四川、辽宁等基金支出也都超过 3000 亿元，分别为 3105 亿元和 3072.9 亿元；而支出最少的西藏仅为 118.2 亿元，青海、宁夏、海南也都不超过 301 亿元。而从各省基金支出的增长速度来看，西藏为年均增速最高的省份，达到了33.10%，是唯一一年均增速超过30%的省份。此外，贵州（20.57%）、浙江（20.21%）、青海（20%）等省份均保持较高的增长速度。与增速最快的西藏相比较，上海基金支出的年均增速为12.93%，相差20.17个百分点。总体而言，各省份的基金支出增速大小不一，表现出较大的差异性。

表2-2　分省份企业职工养老保险基金支出变动明细　　单位：亿元

年份\省份	2012	2013	2014	2015	2016	2017	2018	2019	2020	年均增长率（%）
北京	640.2	734.8	841.7	965.5	1479.4	1394.3	1519.2	1698.3	1953.3	14.96
天津	365	426.3	491.7	559.5	750.1	836.1	1059.9	1000.5	1061.2	14.27
河北	723.5	833.1	953.1	1137	1269.4	1411.6	2020.3	2425.7	1981.6	13.42
山西	391.6	477.8	555.9	657	746.9	1082.3	1138.6	1168.8	1290.6	16.08
内蒙古	343.6	411.3	486.1	565	627.8	707.2	1073.9	1201.4	1271.2	17.77
辽宁	1052.6	1251.1	1477.9	1743.2	1930.3	2207	2714.7	2950	3072.9	14.33
吉林	377.6	448.2	516.9	609.9	676.3	767	940.3	1263.6	1263.2	16.29
黑龙江	717.2	886	1028.3	1223.2	1332.7	1534.2	1793.1	2094.8	2240.1	15.30
上海	1127.7	1308	1505.5	2035.2	2158.2	2571.1	2584.1	2779.7	2982.4	12.93
江苏	1142.1	1372.4	1584.2	1844.7	2085.6	2555.3	3401	3382.3	3566.4	15.30
浙江	783.5	944.9	1220	1583.7	2157.4	2636.7	2870.5	3138.5	3415.6	20.21
安徽	406.7	449.1	519.9	605.5	673.1	784.6	1732.7	1298.9	1364.5	16.33
福建	273.3	338.7	378.9	434	586	666.5	724.6	782.2	888.3	15.88
江西	297	352.2	444.6	537.1	668.2	862.6	1004	1083.9	1172.3	18.73
山东	1059	1270.5	1557.7	1845.2	2090.3	2358.7	2617.1	2872.7	3162.1	14.65
河南	612	711.5	830.7	961	1092.2	1471.8	1816	1931	1950	15.59
湖北	647.8	798	950.6	1103.6	1225.1	1864.2	1996.1	2264.5	2265.5	16.94
湖南	502.8	622.1	730.4	849.4	1019	1349.1	1610.2	1620.2	1731.1	16.71
广东	900.9	1050	1289.1	1475.5	1678.7	1898	2450.6	3761.5	3313.6	17.68
广西	297.1	364.2	412.4	470.9	849	881.9	1126.8	1079.7	1117.9	18.02
海南	114.4	120	138.5	157.5	177.8	232	267.8	280.1	300.3	12.82
重庆	412.7	508	573.8	664.6	740.5	1372.4	1093	1192.5	1295.1	15.37

续表

年份 省份	2012	2013	2014	2015	2016	2017	2018	2019	2020	年均增 长率（%）
四川	927.7	1107.6	1313.2	1527.6	2679.9	2276.4	2532.1	2764.2	3105	16.30
贵州	153.1	178.5	207.8	242.2	283.9	575.7	636.6	613.5	683.7	20.57
云南	211.3	253.8	288.2	329	501.1	958.9	690.4	764.5	804.6	18.19
西藏	12	13.5	14.9	18.8	51.8	84.7	94.7	107.4	118.2	33.10
陕西	401.1	465	542.9	613	678.3	961.8	1045.4	1187.5	1281.8	15.63
甘肃	193.2	224.7	258.6	307.6	331.7	363.5	508.2	599.3	671.3	16.85
青海	65	77.4	90.8	111.2	187.8	205.5	221.7	323.3	279.5	20.00
宁夏	86.2	99.8	118.3	137.1	181.9	221.4	240.1	266.8	289	16.33
新疆	320.5	367	426.1	490.4	934.4	906	920.2	1040.9	1083.7	16.45

资料来源：2012~2020 年《中国人力资源和社会保障统计年鉴》。

第二节 企业职工基本养老保险
基金收入安排及特点

一、养老保险模式实行社会统筹与个人账户相结合

党的十四届三中全会首次明确提出："城镇职工养老保险是由个人账户和社会统筹账户共同组成。"国发〔1995〕6 号文件也明确要求，社会统筹与个人账户相结合的原则是改革企业职工养老保险的重要准则。而国发〔1997〕26 号文件强调在全国范围内推广"统账结合"的模式。在 2005 年，关于个人账户的缴纳比例也进行了详细的规定，相较于 1951 年的 3% 比例缴纳劳动保险基金，在提出开展做实个人账户试点的基础上，将个人账户缴费

比例调整至 8%。《社保法》为实施"统账结合"的模式提供了法律依据，一方面强调养老保险基金可以进行社会互济；另一方面，强调在实施过程中要突出工作人口的劳动贡献，并对个人账户基金规模的关键制度参数和影响因素重点进行关注。

二、企业和个人缴费以及政府补贴充实基金收入

《社保法》明确指出，在职职工本人和企业单位负有按时、足额缴纳养老保险费的法定不可推卸责任。具体而言，前者依据固定比例缴纳养老保险费，形成统筹基金；后者依据职工工资的固定比例缴纳养老保险费，形成个人账户基金。[①] 国发〔1997〕26 号文件规定，将个人账户缴费比例规定为 11%，仍以职工缴费工资为基数计算，并且将个人缴纳的部分全部划入个人账户，企业缴费在补充个人账户方面也发挥了重要作用。虽然，在 2005 年又将个人账户缴费比例调整至 8%，但是企业缴费不再补充个人账户，个人账户的收入来源全部来自个人缴费，这两方面构成了基金收入的主要来源。《社保法》第十一条指出，除企业和个人缴费外，政府也给予一定的财政补贴充实社保基金。

三、基本养老保险基金收入增速放缓

与基金支出相对应的是企业职工基本养老保险基金收入（以下简称基金收入），其规模的大小在一定程度上掣肘养老金的支出规模。因此，促进基金收入的稳定增长，是维持基本养老保险基金收支平衡、实现基金财务可持续的必要物质条件。基金收入的绝对规模呈现持续、快速增长的态势，如图 2-2 所示。

---

① 中华人民共和国社会保险法释义（十），http：//www.mohrss.gov.cn/fgs/syshehuibaoxianfa/201208/t20120806_28571.html.

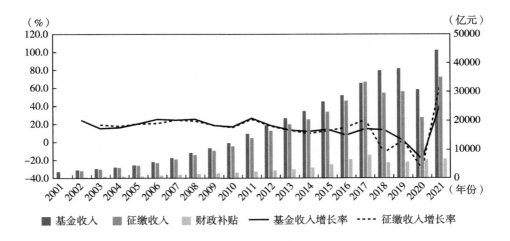

图 2-2 2001~2021 年企业职工基本养老保险收入及征缴收入变动情况

资料来源:《中国人力资源和社会保障统计年鉴2019》、2001~2017 年《人力资源和社会保障事业发展统计公报》、2018~2020 年"全国社会保险基金收入决算表"。

2001~2019 年，基金收入的绝对规模处于上涨状态，由 2235.1 亿元增长至 38101.9 亿元，出现这一增长态势，一方面是由于工资水平提高所引致的缴费基数的增加，另一方面则是征缴手段的改进，有效地降低了遵从成本，从而提高了养老金的征缴效率。2020 年，企业职工基本养老保险基金收入首次出现下降，但基金收入规模仍高达 30706.45 亿元，2021 年企业职工基本养老保险基金收入稳步上升，截至 2022 年，基金收入高达 47932.83 亿元。

从增长率上看，近 19 年间，企业职工基本养老保险基金收入的增长率呈现出跌宕起伏的变化趋势。自 2008 年全球金融危机后，基金收入的增长速度急速下降，2016 年增长率仅为 7.81%，跌破至 10% 以下区间；2017 年又开始稳步提升，至 2019 年增长率为 1.90%。受新冠疫情的冲击，2020 年企业职工基本养老保险基金收入急速降低，首次出现负增长，随后企业职工基本养老保险基金收入的增长率急速增加，2022 年高达 56.10%。

同时需要关注的是，基金收入不仅包括征缴收入、财政补贴和基金所获得的利息收入、委托投资收益（以下简称其他收入，下同）等其他方式取得的收入。在 2002~2017 年这 16 年间，企业职工基本养老保险基金的征缴收入呈现出逐年增长的态势，同期基金征缴收入的增长速度远高于基金收入的增长速度（见图 2-2）。其中，2003 年基金征缴收入的增长速度高达 19.31%，远高于基金收入增长速度的 15.30%。此后，征缴收入增长速度大幅上升，增至 2011 年的 25.62%，随后小幅下降至 2014 年的 9.66% 后，又稳步上升至 2017 年的 24.79%，在 2018 年和 2020 年出现小幅下降，主要原因是征缴收入的下降。随后，征缴收入大幅增长至 2021 年的 67.95%。

从财政补贴规模和增长率来看，一是财政补贴基本养老保险基金的规模逐年上升，2002~2017 年，企业职工基本养老保险基金财政补贴金额不断上涨，如图 2-3 所示。尤其在 2013 年以后，财政补贴规模从 2002 年的 408.2 亿元增长至 2017 年的 8004 亿元。此后，财政补贴规模在 2018 年小幅下降后，稳步增长至 2021 年的 6613.02 亿元。二是财政补贴增长速度在 2003 年后略有下降，2003 年为 29.84%，但在 2006 年激增至 49.16%，远快于同期征缴收入的增长速度。此后，财政补贴增长速度总体上呈现平稳增长的态势，但在 2018 年财政补贴首次出现负增长。

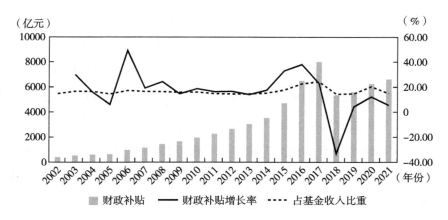

图 2-3　2002~2021 年财政补贴企业职工基本养老保险
基金规模及占基金收入的比重

就财政补贴占企业职工基本养老保险基金收入的比重而言，近 20 年间，财政补贴占企业职工基本养老保险基金收入的比重呈现平稳发展态势。在 2015 年以前，由于企业职工基本养老保险制度建设相对不够完善，财政补贴占比稳步保持在 17.24% 之内。在 2015 年以后，随着企业职工基本养老保险制度的不断完善，财政补贴占比呈现逐年下降的发展态势，2022 年仅为 14.82%。

无论是从经济发展水平，还是从人口结构分布状态上来看，各省企业职工基本养老保险基金收入规模仍存在一定的差异性，如表 2-3 所示。2012~2020 年，大部分省份的基金收入呈现大幅增长态势。从各省基金收入的绝对规模来看，广东基金收入在 2019 年高达 5593.2 亿元，江苏、浙江紧随其后，分别为 3759.2 亿元和 3040 亿元，同时，上海、山东、北京、四川也都超过 2000 亿元；而收入最少的西藏仅有 139.1 亿元，宁夏、青海、海南也不超过 400 亿元。

表 2-3　分省份企业职工养老保险基金收入变动明细　　单位：亿元

年份\省份	2012	2013	2014	2015	2016	2017	2018	2019	2020	年均增长率（%）
北京	995.1	1181.3	1331.3	1601.2	2249	2223	2553.9	2760.6	2160.6	10.18
天津	420.5	466	534.4	594.3	751.4	894.3	1120.3	1021.2	854.5	9.27
河北	793	891.1	958.8	1073.9	1221.3	1439.2	2125.7	2437.4	1683.6	9.87
山西	563.1	639	663.9	688.6	788	1234.5	1223.4	1232.5	1111.9	8.88
内蒙古	405.8	461.4	501.7	567.6	612.5	853.5	1094.6	1060.9	997.4	11.90
辽宁	1212.3	1422.2	1534.2	1630.1	1676.1	1863.2	2343.9	2486.4	2149.9	7.42
吉林	390.6	462.8	519.2	569.2	636	764.1	1055.4	1142.8	957.3	11.86
黑龙江	720.2	845.6	922.6	1030.1	1005.7	1240.5	1630.2	1785.4	1629.6	10.74
上海	1391.6	1563.5	1688.5	2226.1	2579.7	2767.4	2808.9	2933.7	2036.7	4.88
江苏	1629.9	1742.7	1922.6	2153.9	2324.5	2885.6	3923.2	3759.2	3018.2	8.01
浙江	1227.2	1278	1618.6	1958.5	2358.4	3052.6	3011.8	3040	2397.4	8.73
安徽	515.7	605.2	656.5	765.9	815.9	993.3	2005.6	1514.6	1313.6	12.40

续表

年份 省份	2012	2013	2014	2015	2016	2017	2018	2019	2020	年均增 长率（%）
福建	322	412.3	453.3	519.9	689.7	785.3	886.4	931.8	790.8	11.89
江西	382.9	405	490.1	605.6	695.9	974.1	1169.8	1047.2	1032.5	13.20
山东	1316.6	1489	1672.7	2105.6	2242.5	2289.3	2728.1	2784.7	2491.2	8.30
河南	728.8	833.8	922.8	1027.1	1145.2	1521.5	1901.8	2053	1689.5	11.08
湖北	764.3	860.5	977.8	1132.4	1196.9	1793.6	1941.7	2418	2024.7	12.95
湖南	607.8	733.7	811.5	910.1	1086.7	1448.1	2129.2	1767.5	1733.8	14.00
广东	1680.9	1842.5	2059.4	2563.6	2818.7	3457	4571.3	5593.2	3858.1	10.94
广西	326.2	367.8	413.8	479.1	852.8	977	1248.9	1128.7	982.5	14.78
海南	123	127.3	140.8	168	198	271.1	326.1	324.5	266.3	10.14
重庆	535.8	607.2	678.4	758.1	819.9	1434.7	1202.3	1238.3	1212.5	10.75
四川	1132	1392.9	1576.8	1680.6	2739.9	3295.9	2884.2	2754.9	2662.3	11.28
贵州	216.9	240.2	259.8	315.4	331.3	667.1	799.3	725.6	668	15.10
云南	298.5	333.8	358.2	406.5	664.3	1096	878	951.3	819.9	13.46
西藏	18.2	21	23.3	28.2	79.5	130.8	110.5	139.1	132.1	28.12
陕西	480.6	536.2	576.2	604.9	691.1	1049.2	1173.3	1254.1	1221.5	12.37
甘肃	233.9	258	298.2	312.2	341.8	391.3	552.6	598.5	558.6	11.50
青海	71.8	80.7	93.1	103.3	174.5	197.6	217.7	300.5	237.6	16.14
宁夏	90.7	107.6	117.2	143.9	205.8	243	268.8	269.1	264.7	14.33
新疆	401.3	464.8	526.1	607	1052.4	1006.1	1041.7	1137.1	1087.9	13.28

资料来源：2012~2020年《中国人力资源和社会保障统计年鉴》。

而从各省基金收入的增长速度来看，其中，西藏的基金收入年均增速最快，达到了28.12%，是唯一年均增速超过20%的省份。而其他省份基金收入年均增长速度明显放缓，如上海（4.88%）、辽宁（7.42%），上海与增速最快的西藏相差23.24个百分点。总体而言，大多数省份的企业职工基本养老保险基金收入的年均增速维持在17%之内，且各省份的基金收入增速大小不一，表现出一定的差异性特征。

第三节　企业职工基本养老保险
基金财务可持续的总体状况

　　企业职工基本养老保险基金财务可持续指标是直接反映企业职工基本养老保险制度可持续发展状况的重要参数，也是反映基本养老保障目标实现程度的重要量化指标。前已述及，待遇充足、成本负担、支付能力是衡量企业职工基本养老保险基金财务可持续性的重要指标。因此，可从待遇充足、成本负担、支付能力三个维度，衡量基金财务可持续的总体状况，以期为研究企业职工基本养老保险基金财务可持续性提供重要的数据支撑。

一、待遇充足视角下的企业职工基本养老保险基金财务可持续状况

　　企业职工基本养老保险基金待遇充足状况主要从企业职工基本养老保险的覆盖水平、待遇水平和赡养率三个方面进行衡量。根据待遇充足指标，可计算出企业职工基本养老保险基金待遇充足指数，以此衡量企业职工基本养老保险基金财务可持续状况。

　　从企业职工基本养老保险的覆盖水平来看，企业参保职工占城镇就业人员比重呈现上升状态，从 2001 年的 38.42% 大幅上升至 2020 年的 62.94%（见表 2-4）。统计数据显示：企业职工参保人口绝对值呈现逐年增长的发展趋势，从 2001 年的 9198.43 万人增加至 2020 年的 29123.60 万人，年均增长达 5.93%。而城镇就业人员人数绝对值从 2001 年的 23940 万人增长至 2020 年的 46271 万人，年均增长率高达 3.35%，企业职工参保人数的增长速度远快于城镇就业人员的增长速度①。

表 2-4 2000~2020 年企业职工基本养老保险基金的待遇充足状况

年份 \ 指标	基本养老保险的覆盖水平（%）	基本养老保险的待遇水平（%）	基本养老保险的赡养率（%）	待遇充足指数
2000	42.89	71.22	30.3	0.20
2001	38.42	63.17	31.3	0.15
2002	36.68	63.43	32.4	0.16
2003	40.27	57.90	33.1	0.14
2004	41.18	53.62	33.5	0.11
2005	42.85	50.83	33.3	0.09
2006	44.57	50.65	32.8	0.09
2007	46.65	48.71	32.6	0.08
2008	49.93	48.22	32.0	0.07
2009	52.12	47.50	32.7	0.08
2010	51.38	45.82	32.5	0.07
2011	75.21	44.74	31.65	0.09
2012	75.12	55.35	32.40	0.18
2013	69.44	54.57	33.26	0.17
2014	68.10	54.59	33.66	0.18
2015	66.38	55.57	34.87	0.20
2016	65.39	57.11	36.31	0.22
2017	64.13	57.48	37.67	0.24
2018	63.63	57.34	39.19	0.26
2019	63.35	55.50	39.48	0.25
2020	62.94	51.83	38.84	0.21

注：待遇充足指数是基于 AHP 分析方法，利用企业职工基本养老保险的覆盖水平、企业职工基本养老保险的待遇水平和企业职工基本养老保险的赡养率等指标综合计算得到，计算方法如前文述及。

资料来源：历年《中国劳动统计年鉴》。

———————————

① 资料来源：根据《中国劳动统计年鉴》数据计算得到。

从企业职工基本养老保险的待遇水平观之，2000～2004年的人均养老金支出占城镇单位在岗职工平均工资比重保持在较高水平上，在2005～2011年小幅度下降，但人均养老金支出占城镇单位在岗职工平均工资的比重保持在44%以上，而在2012～2022年，人均养老金支出占城镇单位在岗职工平均工资比重呈现小幅变化，该比重保持在50%以上，且不超过58%，这表明社会平均养老金占社会平均工资的比例相对合理，即缴费者和待遇领取者的代际分配水平相对合理，待遇领取者既不会陷入贫困陷阱，也不会产生缴费者与待遇领取者收入倒挂的问题。

从企业职工基本养老保险的赡养率来看，2000～2020年，我国企业职工基本养老保险的赡养率从2000年的30.3%增长至2020年的38.84%，这表明在人口老龄化加速的背景下，待遇领取者和缴费者的人口结构有所变化。尤其是我国区域间企业职工基本养老保险制度的赡养率差异相对较大，以内蒙古、吉林、黑龙江和辽宁等地区为例，相较于全国平均水平，上述地区的赡养率相对较高，主要原因是内蒙古、吉林、黑龙江和辽宁等地区的老龄人口相对较多、老龄化进程较快。形成鲜明对比的是，广东地区养老保险赡养率自2011年的10.87%增长至2020年的17.09%，但相较于全国水平，该比率相对较低。

从企业职工基本养老保险基金待遇充足指数来看，在2000～2021年，企业职工基本养老保险待遇充足指数呈现波动变动趋势。在2000～2004年，企业职工基本养老保险待遇充足指数由0.2小幅下降至0.11，但待遇充足指数仍高于0.1。2005～2011年，企业职工基本养老保险待遇充足指数在0.07～0.09区间波动，该阶段的企业职工基本养老保险待遇充足指数相对较低。自2012年后，企业职工基本养老保险待遇充足指数稳步上升，指数多集中在0.17～0.26，企业职工基本养老保险待遇充足状况有所提升。

二、成本负担视角下的企业职工基本养老保险基金财务可持续状况

企业职工基本养老保险基金成本负担指标主要是从企业职工基本养老保险基金支出占 GDP 的比重、企业职工基本养老保险缴费负担、企业职工基本养老保险基金支出占地方财政支出的比重三个方面衡量。根据成本负担指标，可计算出企业职工基本养老保险基金成本负担指数，以此衡量企业职工基本养老保险基金的财务可持续状况。

从企业职工基本养老保险基金支出占 GDP 的比重来看，我国企业职工基本养老保险基金支出占 GDP 的比重逐年上升（见表 2-5）。该比重从 2000 年的 2.18% 上升至 2020 年的 5.05%，年均增长率达 4.08%。究其原因，一方面是我国逐年提高养老保险待遇水平。分地区来看，黑龙江、吉林、辽宁三地区的企业职工基本养老保险基金支出占 GDP 的比重增长较快，另一方面是近 3 年上述地区的企业职工基本养老保险基金支出占 GDP 的比重均超过 10%，远高于全国平均水平，这与该地区人口老龄化程度较为严峻，养老压力相对较大有关。

表 2-5　2000~2020 年企业职工基本养老保险基金的成本负担状况

年份 \ 指标	基本养老保险基金支出占 GDP（%）	基本养老保险缴费负担（%）	基本养老保险基金支出占地方财政支出（%）	成本负担指数
2000	2.18	28.27	20.23	0.10
2001	2.14	21.20	17.67	0.06
2002	2.36	22.94	21.08	0.10
2003	2.24	22.62	18.13	0.08
2004	2.09	21.84	17.01	0.07
2005	2.04	21.33	16.06	0.06
2006	2.10	21.41	16.09	0.06
2007	2.13	20.87	15.56	0.05
2008	2.22	20.32	15.00	0.04

续表

指标 年份	基本养老保险 基金支出占 GDP（%）	基本养老保险 缴费负担（%）	基本养老保险基金支 出占地方财政支出（%）	成本负担 指数
2009	2.43	20.09	14.57	0.04
2010	2.42	18.93	14.29	0.02
2011	2.62	18.74	13.77	0.02
2012	2.89	23.05	14.52	0.08
2013	3.11	22.29	15.43	0.07
2014	3.38	21.38	16.84	0.07
2015	3.75	22.02	17.17	0.08
2016	4.27	22.82	19.87	0.11
2017	4.57	24.65	21.97	0.14
2018	4.86	25.76	23.72	0.16
2019	4.99	23.56	24.16	0.14
2020	5.05	17.41	24.36	0.07

注：成本负担指数是基于 AHP 分析方法，利用企业职工基本养老保险基金支出占 GDP 的比重、企业职工基本养老保险缴费负担、企业职工基本养老保险基金支出占地方财政支出等指标综合计算得到，计算方法如前文述及。

资料来源：历年《中国劳动统计年鉴》《中国人力资源和社会保障统计年鉴》。

从企业职工基本养老保险缴费负担来看，企业职工人均养老保险缴费占城镇单位在岗职工平均工资的比重从 2000 年的 28.27% 小幅下降至 2011 年的 18.74%，但自 2012 年后，该比重由 2012 年的 23.05% 波动上升至 2019 年的 23.56%。分地区来看，各地区人均养老保险缴费占城镇单位在岗职工平均工资的比率差异较大，如内蒙古、辽宁、吉林等地区的人均养老保险缴费占城镇单位在岗职工平均工资的比率均高于全国平均水平，而同时期的广东、福建、上海等地区的人均养老保险缴费占城镇单位在岗职工平均工资的比重相对较低。

从企业职工基本养老保险基金支出占地方财政支出的比重来看，我国企业职工基本养老保险基金支出占地方财政支出的比重逐年上升，从 2001 年的

17.67%上升至 2020 年的 24.36%，年均增长率达 1.54%。分地区来看，黑龙江、吉林、辽宁三地区的企业职工基本养老保险基金支出占地方财政支出增长较快，尤其是近 3 年，上述地区的企业职工基本养老保险基金支出占地方财政支出的比重远高于全国平均水平，主要原因是该地区老龄化程度较为严重，养老保险支出相对较大。

从企业职工基本养老保险基金成本负担指数来看，在 2000~2021 年，企业职工基本养老保险成本负担指数的变动幅度较小。除 2000 年、2002 年和 2016~2019 年外，企业职工基本养老保险成本负担指数均小于 0.1，究其原因是人口老龄化加剧，退休老龄人口规模增加，养老负担相对较大。

三、支付能力视角下的企业职工基本养老保险基金财务可持续状况

企业职工基本养老保险基金支付能力主要从企业职工基本养老保险基金的计发能力、企业职工基本养老保险基金的结余充足性以及企业职工基本养老保险基金的偿付能力三个方面衡量。根据支付能力指标，可计算出企业职工基本养老保险基金支付能力指数，以此衡量企业职工基本养老保险基金财务可持续的状况。

从企业职工基本养老保险基金的计发能力来看，在 2000~2020 年，企业职工基本养老保险基金收入占基金支出的比重小幅度下降，从 2000 年的 1.08 下降至 2020 年的 0.86（见表 2-6），这与基金支出的年均增长速度高于基金收入的年均增长水平有关。

表 2-6　2000~2020 年企业职工基本养老保险基金的支付能力状况

年份 \ 指标	基本养老保险基金计发能力	基本养老保险基金的结余充足性	基本养老保险基金的偿付能力	支付能力指数
2000	1.08	0.41	0.45	0.09
2001	1.07	0.37	0.45	0.08

指标 年份	基本养老保险 基金计发能力	基本养老保险 基金的结余充足性	基本养老保险 基金的偿付能力	支付能力指数
2002	1.12	0.52	0.57	0.14
2003	1.18	0.63	0.71	0.19
2004	1.22	0.74	0.85	0.24
2005	1.26	0.83	1.00	0.29
2006	1.29	0.92	1.12	0.33
2007	1.31	1.00	1.24	0.36
2008	1.32	1.12	1.34	0.39
2009	1.29	1.19	1.41	0.40
2010	1.27	1.20	1.46	0.40
2011	1.32	1.25	1.53	0.44
2012	1.29	1.30	1.54	0.43
2013	1.23	1.30	1.53	0.40
2014	1.16	1.23	1.46	0.36
2015	1.14	1.11	1.37	0.32
2016	1.10	1.01	1.21	0.28
2017	1.14	0.98	1.15	0.28
2018	1.15	1.03	1.14	0.29
2019	1.07	1.06	1.11	0.26
2020	0.86	0.86	0.94	0.13

注：支付能力指数是基于 AHP 分析方法，利用企业职工基本养老保险基金的计发能力、企业职工基本养老保险基金的结余充足性、企业职工基本养老保险基金的偿付能力等指标综合计算得到，计算方法如前文述及。

资料来源：历年《中国人力资源和社会保障统计年鉴》。

从企业职工基本养老保险基金的结余充足性来看，企业职工基本养老保险基金年末累计结余占下一年度养老金支出的比率逐年下降，从 2011 年的 1.25 降至 2020 年的 1.08。

分地区来看，地区间企业职工基本养老保险基金的结余充足性差异较大，江苏、浙江和广东地区，基金结余较为充足。尤其是广东地区，其养老保险基金年末累计结余占下一年度养老金支出的比率一直高于4，这表明该地区企业职工基本养老保险基金的结余充足性相对较好，养老保险制度应对老龄化冲击的能力相对较强，而同时期的辽宁、吉林、黑龙江等地区的基金结余充足性相对较弱。

从企业职工基本养老保险基金的偿付能力来看，企业职工基本养老保险基金累计结余与基金当期支出的比重逐年下降，从2007年的1.24下降至2020年的0.94。分地区来看，地区间企业职工基本养老保险基金的偿付能力差异相对较大。北京、江苏、浙江、安徽和广东地区，基金的偿付能力较为突出，尤其是广东，虽然企业职工基本养老保险基金年末累计结余占基金支出的比率逐渐下降，但该指标一直高于3，表明该地区企业职工基本养老保险基金的偿付能力相对较强。而黑龙江的企业职工基本养老保险基金年末累计结余占基金支出的比率逐年下降，这表明该地区企业职工基本养老保险基金的偿付能力相对较弱。

从企业职工基本养老保险基金支付能力指数来看，企业职工基本养老保险基金支付能力指数的变动幅度相对较大，除2000~2001年，企业职工基本养老保险基金支付能力指数小于0.1外，2002~2013年，企业职工基本养老保险基金支付能力指数逐年上升，从2002年的0.14上升至2011年的0.44，在2012~2013年支付能力指数有所变动，但仍保持在0.4及以上，这也从侧面反映企业职工基本养老保险基金支付能力相对较强。2014~2020年，企业职工基本养老保险基金支付能力指数呈现下降趋势，由2014年的0.36下降至2020年的0.13，但基金支付能力指数仍高于0.1。

综上所述，从企业职工基本养老保险基金财务可持续指数来看，企业职工基本养老保险基金财务可持续指数呈现小幅波动，且指数多集中分布在0.11~0.27，如图2-4所示。在2000~2012年，企业职工基本养老保险基金财务可持续指数由2000年的0.14缓慢上升至2012年的0.27，企业职工基本养老保险基金财务可持续指数有所上涨。而在 2013~2020 年，企业职工基本养老保险基金财务可持续指数呈现小幅下降趋势，由 2013 年的 0.26 下降至 2020 年的 0.15，但基金财务可持续指数仍高于 0.1。

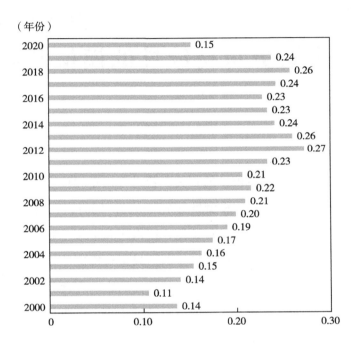

（年份）

图 2-4　2000~2020 年企业职工基本养老保险基金财务可持续指数

注：基金财务可持续指数是基于 AHP 分析方法，利用基金待遇充足指数、基金成本负担指数、基金支付能力指数等综合计算得到，计算方法如前文述及。

第三章 企业职工基本养老保险
基金财务可持续性的模拟测算

基于精算模型，对精算模型的相关参数进行设定和校准。为确保精算模型设定的准确性，重点对精算模型进行精度检验。同时，利用 PADIS-INT 人口预测软件，对未来参保人口进行预测，模拟测算未来企业职工基本养老保险基金的财务运行状况，并对精算模型的结果进行敏感性检验，以验证在不考虑企业职工基本养老保险基金财务可持续性的影响因素的前提假设下，模拟测算企业职工基本养老保险基金的财务运行状况，以期与后续的政策模拟效果进行对比。

第一节 相关精算参数设定及校准

一、年龄参数

依据当前企业职工的实际就业年龄状况，假定 22 岁为初始参保年龄，100 岁为企业职工的最大生存年龄。基于《中华人民共和国国民经济和社会发展第十四个五年规划和 2035 年远景目标纲要》可知，渐进式延迟法定退休年龄已是大势所趋。但截至目前，延迟退休方案的实施细则仍未出台，本节暂不对延迟退休方案进行讨论，男性、女工人和女干部的退休年龄仍采用现行的规定。

二、城镇人口结构

运用队列要素法，利用 PADIS - INT 人口预测软件，参考杨再贵等（2021）的研究，分别对影响城镇人口结构相关的精算参数进行设定，具体内容如下：

关于总和生育率等参数的设定，根据历年《中国人口和就业统计年鉴》，可得 2012~2019 年各年龄阶段的城镇育龄妇女的平均生育率。首先，利用各年龄阶段的育龄妇女平均生育率，可以计算出各年各年龄阶段的城镇育龄妇女的标准化生育系数，取 2012~2019 年的平均值，作为测期内的标准化生育系数。其次，利用 PADIS-INT 人口预测软件，可获得 2021~2055 年的总和生育率。最后，利用标准化生育系数与总和生育率，可计算出 2021~2055 年各年龄阶段育龄妇女的生育率。

关于人口出生性别比、"死亡水平以及生育模式"等人口参数的设定，可参考杨再贵等（2020）的研究，结合我国的人口发展状况，选择最接近、最符合我国人口发展情况的模式，即在人口预测模型中选择"远东模式"。

关于全国城镇人口规模的计算，首先，利用 PADIS-INT 软件中所设定的"中国"各参数，通过运行软件，可得到 2021~2055 年预测期的全国人口总数。其次，根据各年度《中国统计年鉴》，可以得到 2005~2019 年的城镇人口比重。最后，利用 ARIMA（1，2，0）模型，可以预测 2021~2055 年城镇人口比重。同时，城镇人口比重的上限参考王金营等（2016）的研究，即根据城镇人口比重与全国人口总数，可计算得到全国城镇人口规模。

三、企业参保职工及死亡参保人口预测

关于城镇职工参保人数占城镇在职年龄人数比例的计算，首先，根据《中国人力资源和社会保障年鉴 2020》，分别得到 2000~2019 年城镇参保职工人数、退休职工人数以及企业职工参保人数、企业职工退休人员数。其次，利用各年度城镇职工参保人数与城镇在职年龄人数，可计算得到 2000~2019 年城镇职工参保人数占城镇在职年龄人数的比例。最后，以 2000~2019 年城镇职工参保人数占城镇在职年龄人数的比例为样本，利用 ARIMA（1，2，0）模型对预测期内的城镇职工参保人数占城镇在职年龄人数的比例进行预测。

关于企业职工参保人数占城镇职工参保人数比例的计算，首先，根据各年度《中国人力资源和社会保障年鉴》，可得到 2000~2019 年企业职工参保人数和城镇职工参保人数。其次，利用两者之比，即可得到 2000~2019 年的相关比例。最后，取这 10 年比重的平均值 90.61%，作为最终比例。

关于死亡参保人口的计算，基于 PADIS-INT 软件，输出生命表，进而得到 2020~2055 年的粗死亡率。利用各年分年龄、分性别的企业职工参保人数，与对应的年份的死亡率相乘，即可得到预测期内（2021~2055 年）的死亡参保人数。

四、其他参数

关于缴费基数的设定，基本养老保险政策规定企业职工基本养老保险的法定缴费基数为上年度在岗职工的月平均工资，但企业职工基本养老保险的实际缴费基数与政策规定的法定缴费基数之间存在一定的差距。例如，2018 年企业职工基本养老保险的实际缴费基数为 50389 元[①]，而 2017 年企业在岗

---

① 根据《中国人力资源和社会保障年鉴 2020》，2019 年企业职工养老保险基金收入和参保在职职工人数分别为 38101.9 亿元和 27508.7 万人，因此 2019 年企业职工基本养老保险人均缴费额为 13851（=38101.9×10000/27508.7）元，2019 年人均实际缴费为 49467（=13851/28%）元。

职工月平均工资为 72703 元。为使研究更贴近实际经济情况，本书参考郭瑜等（2019）的研究，假定实际缴费费基占应缴费基的比重为 85%。同时，考虑到我国企业职工基本养老保险人均实际缴费工资的增长率与人均 GDP 的增长率基本持平，参考曾益等（2022）的研究，假设以 2019 年企业职工基本养老保险法定缴费基数为准，2020 年及以后的缴费基数按一定增长率增长。

关于缴费遵从度的设定，参考曾益等（2022）的研究，缴费遵从度等于企业职工基本养老保险征缴率与参保率之积，可计算得到 2018 年企业职工基本养老保险的征缴率为 77.46%①、参保率为 78.41%②。因而，2018 年企业职工基本养老保险缴费遵从度为 60.74%。由于税务部门在 2019 年 1 月 1 日起统一征收各项社会保险费，在一定程度上，这一改革将促进基本养老保险缴费遵从度的提高③，因此本章将企业职工基本养老保险缴费遵从度设定为 65%。

关于基础养老金的计发比例设定，参考曾益等（2016）的研究，设定老人中男性、女工人和女干部的基础养老金计发比例为 70%，老中人男性、女工人和女干部的基础养老金计发比例为 20%，新中人男性基础养老金的计发比例为 40%，新中人女工人和女干部的计发比例设定为 35%，新人的计发比例同新中人保持一致。

关于其他参数的设定，参考景鹏等（2017）的研究，将个人账户记账利率设定为 5%；参考张心洁等（2018）的研究，将养老金增长率设定为缴费基数增长率的 90%。设定以 2.5% 为预测期内基金投资收益率。具体精算参

---

① 根据《人力资源和社会保障事业发展统计公报 2019》，2018 年企业职工基本养老保险征缴收入为 41790.29 亿元，因此 2018 年企业职工基本养老保险征缴率为 77.46%（＝41790.29×10000/26502.6×72703×28%）。

② 在计算企业职工参保率时，本章选择企业就业人数，而非城镇就业人数。根据《中国劳动统计年鉴 2019》，城镇私营企业与非私营企业就业人数分别为 21375.4 万人和 12423.9 万人，因此 2018 年企业职工基本养老保险缴费率为 78.41%（＝26502.6/33799.3）。

③ OECD. Tax administration 2017：Comparative information on OECD and other advanced and emerging economies ［M］. Paris：OECD Publishing，2017.

数设定如表 3-1 所示：

表 3-1　精算参数一览

参数	基准假设
初始就业年龄	22 岁
法定退休年龄	男性 60 岁；女工人 50 岁；女干部 55 岁
最大生存年龄	100 岁
缴费基数增长率	2019 年缴费基数的增长率为 7%，此后每 5 年下降 0.5%，直至 3%
政策缴费率	未下调政策缴费率为 28%
缴费遵从度	65%
老人及老中人基础养老金计发比例	70%、20%
新中人及新人基础养老金计发比例	男性基础养老金的计发比例为 40%，女工人和女干部的基础养老金的计发比例为 35%
过渡性养老金计发比例	视同缴费年限每满 1 年，过渡性养老金计发比例增加 1.2%
个人账户养老金计发月数	男性：139 个月；女工人：195 个月；女干部：170 个月
个人账户记账利率	5%
养老金增长率	缴费基数增长率的 90%
基金保值增值率	2.5%
初始累计结余	44401.70 亿元

第二节　企业职工基本养老保险基金收支预测与分析

一、精算模型精度检验

在对精算模型预测前，需要对已建立的精算模型进行精度检验，以确保精算模型预测结果的准确性。本书参考杨再贵等（2021）[1]的研究，利用上文精算模型及参数假设，通过将历史数据[1]与模型预测数据进行对比，对精算模型进行精度检验。

首先，运用队列要素法，利用 PADIS-INT 人口预测软件，估测 2010～2019 年全国城镇分年龄分性别人口数，并与实际分年龄分性别的全国城镇人口进行对比。[2] 同时将上述参数代入精算模型中，即可估算出 2010～2019 年企业职工基本养老保险基金收入和支出。其次，将 2010～2019 年企业职工基本养老保险基金收入和支出的估算数据与实际的基金收支数据进行对比，结果如图 3-1 所示。

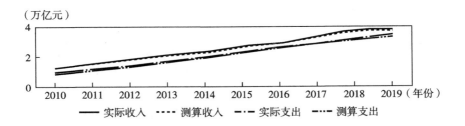

图 3-1　2010～2019 年企业职工基本养老保险基金实际收支与测算收支对比

由此可知，根据历史数据计算的基金收支与根据精算模型预测得到的基金收支较为接近。具体而言，根据《中国人力资源和社会保障年鉴 2020》可知，企业职工基本养老保险基金收入和基金支出逐年上涨，分别由 2010 年的 1.22 万亿元和 0.94 万亿元，增长至 2019 年的 3.81 万亿元和 3.46 万亿元。根据精算模型测算得到的企业职工基本养老保险基金收入和支出也逐年增长，

---

① 根据《中国人力资源和社会保障年鉴 2020》，可获得 2010～2019 年企业职工基本养老保险基金收入和支出的历史数据，其中，基金收入是指"大口径"（包括财政补贴）下的收入。

② 根据历年《中国劳动统计年鉴》可获得 2010～2019 年抽样调查分年龄分性别的全国城镇人口，利用抽样调查比，可以计算出实际分年龄分性别全国城镇人口，并与 PADIS-INT 人口预测软件预测数据进行对比。

分别由 2010 年的 1.22 万亿元和 0.92 万亿元，增长至 2019 年的 3.74 万亿元和 3.37 万亿元。

同时，可基于平均绝对百分比误差来检验精算模型的测算精度。2010～2019 年基金收入和支出的各年偏差如图 3-2 所示。针对 10 年间的实际基金收入与测算得到的基金收入之间的偏差最高不超过 3%，年均误差率低于 0.02%；针对 10 年间的实际基金支出与测算得到的基金支出之间的偏差最高不超过 4%，年均误差率低于 1.85%，这表明该精算模型通过了精度检验，精算模型预测的准确性相对较高。

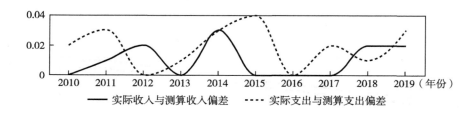

图 3-2　2010～2019 年企业职工基本养老保险基金收支的模型精度测算

二、基准精算模拟的结果与分析

本书分析在未实行"全面二孩"政策、未引入外源性融资、未实施征收体制改革、未改变退休年龄等严苛前提假设下，模拟测算企业职工基本养老保险基金的财务运行状况。精算模拟结果显示：在测算期内，基金收入规模和基金支出规模呈现快速扩大趋势，基金收入和基金支出分别从 2021 年的 4.69 万亿元、4.48 万亿元上升至 2055 年的 27.16 万亿元、38.99 万亿元，其年均增长速度分别高达 4.75% 和 6.74%，后者比前者的年均增长速度快 1.99%（见表 3-2）。

表 3-2　基准精算模拟下的企业职工基本养老保险基金收支状况

单位：万亿元

年份	基金收入	基金支出	当期结余	累计结余	年份	基金收入	基金支出	当期结余	累计结余
2021	4.69	4.48	0.21	4.04	2039	16.71	23.15	-6.44	-48.21
2022	5.10	4.51	0.59	4.74	2040	17.73	23.72	-5.99	-55.56
2023	5.54	5.35	0.19	5.06	2041	18.65	25.09	-6.45	-63.55
2024	6.45	6.36	0.10	5.29	2042	19.57	26.38	-6.81	-72.12
2025	6.70	6.69	0.01	5.43	2043	20.38	27.29	-6.91	-81.01
2026	7.17	7.61	-0.43	5.12	2044	21.09	28.48	-7.40	-90.61
2027	7.80	8.46	-0.65	4.58	2045	21.81	29.48	-7.67	-100.74
2028	8.46	9.45	-0.99	3.68	2046	22.44	30.86	-8.42	-111.89
2029	9.17	10.45	-1.28	2.45	2047	23.05	32.08	-9.04	-123.95
2030	9.27	11.58	-2.31	0.15	2048	23.69	31.70	-8.01	-135.26
2031	9.32	12.68	-3.35	-3.29	2049	24.32	32.61	-8.29	-147.14
2032	10.13	13.68	-3.55	-7.01	2050	24.97	33.41	-8.44	-159.46
2033	11.01	15.19	-4.18	-11.47	2051	25.36	35.81	-10.45	-174.16
2034	11.97	16.59	-4.62	-16.50	2052	25.78	36.75	-10.97	-189.76
2035	13.01	17.93	-4.92	-21.96	2053	26.23	38.21	-11.98	-206.78
2036	13.90	18.77	-4.87	-27.50	2054	26.69	38.62	-11.93	-224.18
2037	14.81	19.96	-5.14	-33.46	2055	27.16	38.99	-11.83	-241.91
2038	15.75	21.90	-6.15	-40.60					

资料来源：作者整理计算得出。

　　从当期结余率和累计结余率来看，企业职工基本养老保险基金的当期结余率和累计结余率呈现下降趋势，如图 3-3 所示。基金当期结余率和累计结余率分别从 2021 年的 4.46%、88.99% 下降至 2055 年的 -43.53%、-890.51%，原因是企业职工基本养老保险基金当期结余额和累计结余额在不断下降。值得关注的是，累计结余率的增长速度远快于当期结余率的增长速度，主要原因是累计结余额降低的规模和速度都高于当期结余额降低的规模和速度。

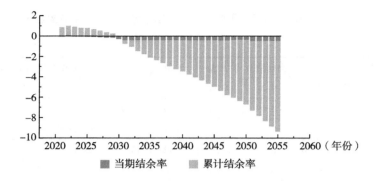

图 3-3　基准精算模拟下 2021~2055 年企业职工基本

养老保险基金的当期结余率和累计结余率

综上所述，在无任何政策干预且维持原缴费率等严苛的前提假设下，基金财务在短期内可持续，但在中长期内基金财务可持续性将减弱。

三、敏感性检验

为检验精算模拟结果是否会受到参数设定的影响而产生较大的变化，以及为确保检验结论的可信度，进行敏感性检验，如表 3-3 所示。第一，假定其他因素和参数设定不变，如果基金的保值增值率由原假设的 2.5% 提高至 3%，当期赤字结点和累计赤字结点的出现时间尚未发生变化，2055 年的当期结余也没有发生变化，而只有累计结余发生变化，2055 年累计赤字由241.91 万亿元小幅度减少为 236.93 万亿元，相关的计算数值没有发生太大的变化，这是因为基金的保值增值率只会对基金的累计结余产生影响。换言之，本书的主要结论未发生变化，这表明精算模型通过了敏感性检验。

表 3-3　敏感性分析结果

敏感性分析模拟情况	基金保值增值率为 2.5%，个人账户记账利率为 5%	基金保值增值率为 3%，个人账户记账利率为 5%	基金保值增值率为 2.5%，个人账户记账利率为 4%	基金保值增值率为 3%，个人账户记账利率为 4%
当期赤字结点	2026~2055 年	2026~2055 年	2026~2055 年	2025~2055 年
累计赤字结点	2031~2055 年	2031~2055 年	2031~2055 年	2031~2055 年

续表

敏感性分析模拟情况	基金保值增值率为2.5%，个人账户记账利率为5%	基金保值增值率为3%，个人账户记账利率为5%	基金保值增值率为2.5%，个人账户记账利率为4%	基金保值增值率为3%，个人账户记账利率为4%
2055年当期结余（万亿元）	-11.83	-11.83	-11.83	-11.83
2055年累计结余（万亿元）	-241.91	-236.93	-257.76	-243.71

资料来源：作者整理计算得出。

第二，当其他参数和假设不变，如果个人账户的记账利率由5%调整为4%，当期赤字结点和累计赤字结点的出现时间尚未发生变化，2055年的当期结余也没有发生变化，而只有累计结余发生变化，2055年的累计赤字结余由241.91万亿元小幅度扩大为257.76万亿元。换言之，相关的计算数值也未发生太大的变化，这是因为个人账户记账利率的变化只会影响到参保在职职工的个人账户储存额，也就是对未来个人账户养老金支出产生影响，且对短中期内个人账户养老金支出的影响较小，这也表明本章的主要结论仍未发生变化，研究结论的可信度相对较高。

第三，当其他参数和假设不变，如果基金的保值增值率由原假设的2.5%提高至3%，同时个人账户的记账利率由5%调整为4%，当期赤字结点提高至2025~2055年，而累计赤字结点出现的时间尚未发生变化，累计结余发生变化，2055年的累计赤字结余由241.91万亿元小幅度提高为243.71万亿元。

第三节　精算模拟分析的主要结论

在无任何政策实施的情况下，即未实行"全面二孩"政策、未引入外源性融资、未实施征收体制改革、未改变退休年龄等严苛的前提假设下，精算模型的模拟测算结果表明：从企业职工基本养老保险基金收支速度来看，企业职工基本养老保险基金收入与支出均呈现上升趋势，尤其是在测算期内，企业职工基本养老保险基金支出的年均增长速度比基金收入的年均增长速度快 1.99%。

为确保上述研究结论不会受到参数设定的影响而产生较大的变化，进一步对精算模型的主要参数和假设进行敏感性分析，敏感性分析结果表明：①当其他参数和假设不变，如果基金保值增值率由原假设的 2.5% 提高至 3%，当期赤字结点、累计赤字结点的出现时间未发生变化，2055 年的当期结余也没有发生变化，只有累计结余发生变化，主要原因是基金保值增值率的变化只会对基金累计结余产生影响；②当其他参数和假设不变，如果个人账户的记账利率由 5% 调整为 4%，当期赤字结点和累计赤字结点出现的时间尚未发生变化，2055 年的当期结余也没有发生变化，而累计结余发生了变化，主要原因是个人账户记账利率的变化只会影响到参保在职职工的个人账户储存额；③当其他参数和假设不变，如果基金的保值增值率由原假设的 2.5% 提高至 3%，同时个人账户的记账利率由 5% 调整为 4%，当期赤字结点提高至 2025~2055 年，而累计赤字结点的出现时间尚未发生变化，这也表明精算模型通过了敏感性检验。

本章的研究结论具有重要理论和现实意义：一方面，在无任何政策干预的严苛前提下，即不引入改善基金收支运行状况的任何政策，在短期内企业职工基本养老保险基金财务可持续，但在中长期内可持续性将减弱，这也为利用精算模型模拟测算企业职工基本养老保险基金财务可持续性提供了重要的实践支撑。另一方面，上述研究结论对于促进我国企业职工基本养老保险基金财务可持续性也提供了政策启示。统筹层次、缴费基数、缴费费率和人口年龄结构作为影响基金财务可持续性的重要因素，应该将上述影响因素充分考虑在精算模型中，如考虑提升统筹层次、夯实缴费基数以及其他配套政策对基金财务可持续性的影响。

第四章　统筹层次对企业职工基本养老保险基金财务可持续性影响的实证分析

改革开放以来，我国企业职工基本养老保险基金依次经历了企业统筹、县市级统筹、省级统筹，以及正在实施的全国统筹。理论上，养老保险制度的统筹层次越高，统筹面就越广，规避风险的能力就越强，基金财务面临非持续的风险就越小，基金财务可持续的发展水平就越高。为验证统筹层次对企业职工基本养老保险基金财务可持续性的影响，基于计量模型和精算模型，从静态和动态两个视角，运用渐进双重差分的因果识别方法和精算模拟的测算方法展开实证分析，以期为研究统筹层次影响基金财务可持续性提供实证支撑。

第一节　统筹层次对企业职工基本养老保险基金财务可持续性影响的计量分析

一、研究设计

围绕统筹层次影响基金财务可持续性的研究假设，以各省份渐进式统筹层次改革政策为外生冲击，构建渐进双重差分计量模型，分析提高统筹层次对基金财务可持续性的影响。同时，对计量模型进行变量选择，并对样本数据来源与描述性统计进行分析。

（一）模型设定及变量选择

为验证统筹层次对基金财务可持续性的影响，本章借鉴朱恒鹏等（2020）的研究，以统筹层次改革为准自然实验。由于各省提高统筹层次可能是渐进进行的，如江苏、浙江、内蒙古、湖北、新疆等省份在研究期内（2000~2020年）未全面实质性实行省级统筹，因此将上述5个省份作为控制组，其他26个省份作为实验组。考虑到实验组各省份全面实施省级统筹的时间也不一致，因此采用渐进双重差分法分析省级统筹对基金财务可持续性的影响。即在控制其他影响因素不变的前提下，以此来识别出政策冲击对企业职工基本养老保险基金财务可持续性所带来的净影响。具体模型设计如下：

$$Ye_{it} = r_0 + \gamma_1 did_{it} + \gamma_2 X_{it} + \varphi_i + \psi_t + v_{it} \tag{4-1}$$

式（4-1）中，Ye_{it}为被解释变量，表示企业职工基本养老保险基金财务可持续指数（以下简称基金财务可持续指数），以此来衡量基金财务可持续状况。did_{it}为解释变量，为省级统筹哑变量，如果i省在t年实施省级统筹，那么其值为1，否则取0；γ_1为双重差分估计量，衡量了实施省级统筹的省份对基金财务可持续性的影响效果。i表示31个省份，t表示样本时间，φ_t表示省份固定效应，ψ_t表示年份固定效应，v_{it}为随机扰动项。X_{it}为相关控制变量，主要包括经济发展水平（$\ln gdp$）、老年抚养比（old）、养老保险制度赡养率（p）、社保征收机构（$policy$），如果i省在t年实行税务机关征收社会保障缴款，那么其值为1，否则取0。模型中各变量含义及说明如表4-1所示。

表4-1　统筹层次影响研究的变量定义与说明

变量类型	变量代码	变量名称	变量定义
被解释变量	Ye	基金财务可持续指数	基于AHP分析方法，利用待遇充足指数、成本负担指数和支付能力指数等综合计算得到

变量类型	变量代码	变量名称	变量定义
解释变量	did	省级统筹虚拟变量	如果某省在某年实施省级统筹，那么其值为1，否则取0
控制变量	old	老年抚养比	65 岁及以上人口占劳动人口的比重
	Policy	征收机构	如果某省在某年实行税务机关征收，那么其值为1，否则取0
	p	养老保险制度赡养率	离退休职工人数与实际参保缴费职工人数的相对比重
	lngdp	经济发展水平	各地区人均 GDP 的对数

（二）样本数据来源与描述性统计

研究所用的数据来源于《中国人口与就业统计年鉴》《中国人力资源和社会保障年鉴》《中经网数据库》《中国统计年鉴》等。为减少异方差问题干扰，提高模型估计的准确性，本书进一步将企业职工工资水平、企业职工参保人数、人均 GDP 等变量取对数，具体描述如表 4-2 所示。

表 4-2　统筹层次影响研究的主要变量描述性统计

变量	观测值	平均值	标准差	最小值	最大值
企业职工基本养老保险基金财务可持续指数	651	0.184	0.05	0.03	0.329
省级统筹虚拟变量	651	0.220	0.414	0	1
老年抚养比	651	0.590	0.130	0.340	1.140
征收机构虚拟变量	651	0.324	0.468	0	1
养老保险制度赡养率	651	0.440	0.140	0.110	0.920
经济发展水平	651	10.121	0.850	7.923	12.009

由表 4-2 可知，企业职工基本养老保险基金财务可持续指数（Ye）的平均值为 0.184，最小值与最大值分别为 0.03 和 0.329；老年抚养比（old）的平均值为 0.590，最小值与最大值分别为 0.340 和 1.140；经济发展水平的平

均值为 10.121，最小值与最大值分别为 7.923 和 12.009。养老保险制度赡养率的平均值为 0.440，最小值与最大值分别为 0.110 和 0.920。

为检验变量间多重共线性问题，表 4-3 汇报了各变量的方差膨胀因子 VIF。由表 4-3 可知，所有变量中最大的 VIF 值为 3.33，远小于 10。因此，结合方差膨胀因子 VIF 的分析结果，可不考虑变量间的多重共线性问题。

表 4-3　统筹层次影响研究的各变量的方差膨胀因子 VIF

变量	lngdp	p	old	policy	did
VIF	1.91	1.60	2.64	1.06	1.44
1/VIF	0.523	0.626	0.379	0.946	0.695

二、计量结果

立足于省级统筹政策的实施，利用渐进双重差分法对统筹层次影响基金财务可持续性进行计量分析，并对计量结果进行反事实检验和稳健性检验。

1. 平行趋势检验

平行趋势假设检验是采用渐进双重差分法进行实证的重要前提条件，只有当计量模型通过平行趋势检验，才可以开展计量回归。本章参考王锋等（2022）的研究，设定平行趋势检验模型，可表示为：

$$Ye_{it} = r_0 + \sum_{t=-4}^{4} \varphi_t D_{it} + \gamma_2 X_{it} + \varphi_i + \psi_t + v_{it} \qquad (4\text{-}2)$$

其中，D_{it} 代表虚拟变量，若省份 i 在第 t 年实施了省级统筹政策，则取值为 1，反之取 0，其余各变量的含义与模型（4-1）相同。在模型（4-2）的回归中，需要重点关注虚拟变量的系数，其代表在实施省级统筹试点政策的第 t 年，试点省份的基金财务可持续性与非试点省份的基金财务可持续性之间的差异。本书重点考察政策实施前 4 年和政策实施后 4 年的情况，平行趋势检验结果如图 4-1 所示。平行趋势检验结果表明：省级统筹实施前各期的系数估计值均不显著，这表明试点和非试点省份在政策实施前无显著差异，即研究通过了平行趋势检验。

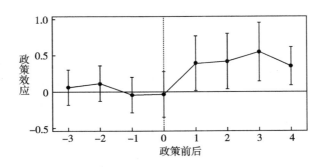

图 4-1　平行趋势检验

2. 模型基准回归结果

基准方程回归的估计结果如表 4-4 所示。其中，Did 系数的估计值为 0.016，且在 1% 的水平上通过了显著性检验，这表明省级统筹有利于提升基金财务可持续性，实施省级统筹政策可以显著地促进试点省份基金财务的可持续发展。在充分考虑其他因素的前提下，该政策使试点省份的企业职工基本养老保险基金财务可持续性相比非试点省份平均增加约 1.6%，研究结果表明，实行省级统筹的试点省份对基金财务可持续性的总体影响显著为正，从而验证理论假说 1。

表 4-4　统筹层次影响研究的基准方程估计结果

变量	Ye
did	0.016***
	(0.006)
p	−0.095***
	(0.017)

续表

变量	Ye
lngdp	0.036***
	(0.011)
old	−0.183*
	(0.095)
policy	0.012*
	(0.007)
N	651
Adj-R^2	0.655
年份固定	是
省份固定	是

注：括号里是标准误；＊＊＊表示 p<0.01，＊＊表示 p<0.05，＊表示 p<0.1。

就控制变量而言，经济发展水平、社保征收机构改革均对企业职工基本养老保险基金财务可持续性产生正向效应。从经济发展水平变量来看，经济发展水平每增加 10%，企业职工基本养老保险基金财务可持续性可能增加 0.36% 个单位。从社保征收机构改革变量来看，其系数估计值为 0.012，且在 10% 水平上通过了显著性检验。这意味着由税务部门征收社会保障缴款有利于提升基金财务可持续性。究其原因，相较于社保部门征收，税务部门征收可以提高征缴效率、扩大基金收入规模、促进基金财务可持续发展。换言之，实行社保征管机构改革，可以显著地提升试点省份的基金财务可持续性，且在充分考虑其他因素的前提下，该政策使试点省份的企业职工基本养老保险基金财务可持续性相比非试点省份平均增加约 1.2%。

而养老保险制度赡养率、老年抚养比等变量均对企业职工基本养老保险基金财务可持续性产生负向影响。从养老保险制度赡养率变量来看，养老保险制度赡养率每增加 1 个百分点，基金财务可持续指数可能降低 0.095 个百分点。从老年抚养比变量观之，每提高 1 个单位的老年抚养比，基金财务可持续指数可能降低 0.183 个单位。

三、反事实检验

为避免可能由时间变化导致试点省份与非试点省份的基金财务可持续性产生差异，基于平行趋势的检验结果，将实施省级统筹试点政策的时间提前3年，以 did_3 表示所构建虚假政策实施时间变量，并对式（4-1）进行回归，时间安慰剂检验结果如表 4-5 所示。研究结果显示：did_3 系数估计值是 0.063，且不显著。这表明时间趋势在试点省份与非试点省份间不存在差异性，证明了提高统筹层次可以促进企业职工基本养老保险基金财务可持续发展。

表 4-5　统筹层次影响研究的时间安慰剂检验结果

变量	Ye
did_3	0.063
	(0.060)
p	-0.098 ***
	(0.017)
lngdp	0.038 ***
	(0.011)
old	-0.197 **
	(0.095)
policy	0.013 *
	(0.007)
N	651
Adj-R^2	0.657
年份固定	是
省份固定	是

注：括号里是标准误；*** 表示 $p<0.01$，** 表示 $p<0.05$，* 表示 $p<0.1$。

四、稳健性检验

基准回归结果表明，提高统筹层次可以改善企业职工基本养老保险基金财务可持续性。为确定计量模型估计结果的准确性，需要对计量模型进行稳健性检验。分别从对核心变量缩尾、增加控制变量、替换被解释变量等多个维度进行分析，以确保估计结果的稳健性，其稳健性检验结果如表4-6所示。

表4-6　统筹层次影响研究的稳健性检验

变量	Ye	Ye	lnbalance
	（1）	（2）	（3）
did	0.016***	0.009*	0.183***
	(0.006)	(0.005)	(0.070)
p	-0.094***	-0.065***	-1.395***
	(0.017)	(0.014)	(0.204)
lngdp	0.035***	0.031***	1.110***
	(0.011)	(0.011)	(0.132)
lnfund		0.108***	
		(0.008)	
old	-0.185**	-0.176*	-2.736**
	(0.093)	(0.091)	(1.113)
policy	0.012*	0.010*	0.339***
	(0.007)	(0.006)	(0.081)
Adj-R²	0.661	0.745	0.858
年份固定	是	是	是
省份固定	是	是	是

注：括号里是标准误；***表示p<0.01，**表示p<0.05，*表示p<0.1。

在基准模型回归中对核心变量进行缩尾，回归结果如表4-6第（1）列所示。研究结果表明：核心解释变量的系数估计值为0.016，且在1%的水平上通过了显著性检验。这表明实施省级统筹政策，可以显著地促进试点省份的基金财务可持续发展，且在充分考虑其他影响因素的前提下，该政策使试点省份的基金财务可持续性相比非试点省份平均增加约 1.6%。同时，大部分控制变量依然显著，且均至少通过 5% 水平的显著性检验。

在基准模型回归中，增加控制变量——企业职工基本养老保险基金收入（lnfund），回归结果如表 4-6 中的第（2）列所示。研究结果表明：在增加控制变量后，核心解释变量的系数估计值为 0.009，在 10% 的水平上通过显著性检验，这表明实施省级统筹政策可以显著提高试点省份的基金财务可持续性，且在充分考虑其他影响因素的情况下，该政策使试点省份的企业职工基本养老保险基金财务可持续性相比非试点省份平均增加约 0.9%。同时，其他控制变量依然显著，且均至少通过 10% 水平的显著性检验。

在基准模型回归中，用企业职工基本养老保险累计结余的对数来替换被解释变量，由表 4-6 中的第（3）列的回归结果可知，核心解释变量的系数为 0.183，且通过了显著性检验。这表明统筹层次对企业职工基本养老保险基金财务可持续性具有"促进"效应。即在更换被解释变量后，核心结论也保持不变，因而证实了本章核心研究结论的稳健性与准确性。

第二节　中央调剂金制度对省际养老保险基金财务可持续性影响的精算分析

一、精算模型设定

与前文设定的基金收入精算模型（0-1）和基金支出精算模型（0-2）不同，基于国发〔2018〕18 号文件，在不考虑外部资金流影响的前提下，参考石晨曦等（2019）的研究，将中央调剂金制度引入精算模型中，仿真模拟中央调剂制度对省际养老保险基金财务可持续性的影响。

1. 养老保险基金支出

养老保险基金支出包括上解中央调剂金和发放养老金，中央调剂金的上解额可以表示为：

$$C_t^i = f_t^i \times a \times b \times \sum_{x=22}^{r-1} M_{x,t}^i \qquad (4\text{-}3)$$

其中，上标 i、r 和下标 x、t 分别代表 31 个省份、退休年龄和参保职工的年龄、年份。C_t^i 表示某年某省的调剂上解额，f_t^i 表示某年某省的在职职工的工资；上解基数占平均工资的比例和上解比例分别用 a 和 b 表示；$M_{x,t}^i$ 表示某年某省不同年龄段的在职参保职工的数量。

除上解的中央调剂金外，其他基金支出（发放养老金）的精算模型同式（0-5）。

2. 养老保险基金收入

养老保险基金收入包括从中央所获得的下拨中央调剂金和养老保险缴费收入。根据人力资源社会保障部、财政部核定各省份离退休人数来确定拨付资金数额。

中央调剂金拨付额可表示为：

$$I_t^i = \sum_{x=r}^{100} R_{x,t}^i \times C_t \bigg/ \sum_{i=1}^{31} \sum_{x=r}^{100} R_{x,t}^i \qquad (4\text{-}4)$$

其中，$C_t = \sum_{i=1}^{31} C_i^t$，$R_{x,t}^i$ 表示表示某年某省不同年龄段的退休职工人数。

除下拨的中央调剂金外，其他基金收入的精算模型同式（0-1）。

3. 养老保险基金累计结余

养老保险基金累计结余为：

$$F_t = F_{t-1} \times (1+f_{t-1}) + \left[(AI_t^i) + I_i^t - (AC_i^t) - C_i^t \right] \times (1+f_t) \qquad (4\text{-}5)$$

总体而言，可将中央调剂金制度引入养老保险精算模型中，模拟不同上解比例的方案对省际养老保险基金财务可持续性的影响。

二、人口结构与参数设定

1. 人口预测

运用队列要素法，参考杨再贵等（2019）的研究，基于人口预测软件，预测 2020~2055 年中国 31 个省份的城镇分年龄、分性别人口数。

关于起始城镇人口结构的计算，基于第七次人口普查的主要数据①，将计算出的各省份（自治区、直辖市）的城镇分年龄、分性别人口数作为起始人口数。

关于总和生育率的计算，首先，从 PADIS-INT 人口预测软件中，可获得 2020~2055 年中国的总和生育率。其次，根据 2000 年、2010 年、2020 年人口普查数据，分别计算出各省份的总和生育率占全国总和生育率比重的均值。最后，假定在测算期内该比重保持不变，可计算出测算期内各省份的总和生育率。

关于育龄妇女生育率的计算，首先，从 PADIS-INT 人口预测软件中，可获得 2020~2055 年中国 15~49 岁分年龄育龄妇女的生育率。其次，根据 2000 年、2010 年、2020 年人口普查数据，分别计算出各省份育龄妇女生育率占全国育龄妇女生育率比重的均值。最后，假定在测算期该比例保持不变，可计算出在测算期内的各省份育龄妇女生育率。

关于新生儿出生性别比的计算，首先，从 PADIS-INT 人口预测软件中，可获得 2020~2055 年中国新生儿出生性别比。其次，根据 2000 年、2010 年、2020 年人口普查数据，分别计算出各省份新生儿出生性别比占全国新生儿出生性别比的比重的均值。最后，假定在测算期内该比重保持不变，可计算出测算期内的各省份新生儿出生性别比。

---

① 国家统计局. 2020 年第七次全国人口普查主要数据［EB/OL］. （2021-07）（2022-05-30）. http：// www. stats. gov. cn/tjsj/pcsj/rkpc/d7c/202111/P020211126523667366751. pdf.

2. 企业参保人口预测

关于各年城镇在职年龄人数的计算，可通过对各省份城镇分年龄分性别人数中的各在职年龄人数加总，即可得到各年城镇在职年龄人数。

关于企业职工参保人数占城镇职工参保人数比例的计算，首先，根据各年度《中国人力资源和社会保障年鉴》，可得到 2000~2019 年各省份企业职工参保人数和城镇职工参保人数。其次，利用两者之比，即可得到 2000~2019 年企业职工参保人数占城镇职工参保人数的比例，取其均值作为预测期内企业职工参保人数占城镇职工参保人数的比例。

关于死亡参保人口的计算，基于 PADIS-INT 软件，可输出各省份的生命表，进而可得到 2020~2055 年的粗死亡率。利用各年分年龄、分性别的企业职工参保人数，与对应年份的死亡率相乘，即可得到预测期内的死亡参保人数。

3. 参数设定

关于中央调剂金上解基数占平均工资的比例，参考石晨曦等（2019）的研究，设定为 90%，其他参数设定与表 3-1 所示的内容一致。

三、中央调剂金制度下企业职工基本养老保险基金财务状况的模拟测算

根据以上的研究假设与测算思路，首先，模拟测算未实行中央调剂金制度下各省企业职工基本养老保险基金的财务运行状况。其次，根据国发〔2018〕18 号文件，设定中央调剂金的基准比例为 3%，并评估中央调剂制度实施前后，在实现"两个百年目标"期间，各地区企业职工基本养老保险基金财务状况的变化。最后，在基准假定的基础上，将 2020 年的中央调剂比例设定为 3.5%，此后分别以每年 0.5% 和 1% 的比例递增，评估不同中央调剂比例实施下的各省企业职工基本养老保险基金的财务运行状况。

1. 模拟情形一：未实行中央调剂金制度下各省份企业职工基本养老保险基金的财务运行状况

在未实行中央调剂制度的严苛前提假设下，模拟测算各省份企业职工基本养老保险基金的财务运行状况，模拟测算结果如表4-7所示。从企业职工基本养老保险基金当期赤字出现的时点来看，2028年以前各省份企业职工基本养老保险基金当期赤字出现的时点相对集中。如江西、广西、贵州、宁夏于2026年首次出现当期赤字；山西、浙江、甘肃于2027年首次出现当期赤字。换言之，在2028年以前，有24个省份的企业职工基本养老保险基金首次出现当期赤字，2028年以后各省份企业职工基本养老保险基金首次出现当期赤字的时点相对分散。

表4-7　未实行中央调剂金制度下企业职工基本养老保险基金收支状况

地区	当期赤字时点	累计赤字时点	2055年累计赤字（亿元）	地区	当期赤字时点	累计赤字时点	2055年累计赤字（亿元）
北京	2024—2055	2036—2055	89597.45	湖北	2024—2055	2028—2055	193650.29
天津	2024—2055	2028—2055	64374.27	湖南	2024—2055	2029—2055	190448.52
河北	2024—2055	2027—2055	203296.83	广东	2033—2055	2042—2055	131644.49
山西	2027—2055	2033—2055	85463.19	广西	2026—2055	2032—2055	95693.58
内蒙古	2025—2055	2031—2055	91240.12	海南	2029—2055	2033—2055	20555.60
辽宁	2020—2055	2020—2055	442498.65	重庆	2020—2055	2026—2055	128135.19
吉林	2020—2055	2020—2055	297270.58	四川	2021—2055	2030—2055	242089.5
黑龙江	2020—2055	2020—2055	363913.72	贵州	2026—2055	2033—2055	69490.17
上海	2022—2055	2029—2055	153107.77	云南	2028—2055	2033—2055	79439.66
江苏	2023—2055	2030—2055	325615.14	西藏	2033—2055	2033—2055	4049.15
浙江	2027—2055	2033—2055	215125.71	陕西	2025—2055	2032—2055	106598.00
安徽	2024—2055	2031—2055	166358.28	甘肃	2027—2055	2033—2055	55445.89
福建	2029—2055	2034—2055	92384.57	青海	2029—2055	2031—2055	16867.34
江西	2026—2055	2033—2055	109062.42	宁夏	2026—2055	2033—2055	18880.46
山东	2023—2055	2027—2055	338842.05	新疆	2029—2055	2034—2055	13083.27
河南	2025—2055	2031—2055	202654.28				

资料来源：作者整理计算得出。

从各省份企业职工基本养老保险基金首次出现累计赤字的年份来看，黑龙江、吉林、辽宁首先于 2020 年出现基金累计赤字。重庆、河北和山东分别在 2026 年和 2027 年出现基金累计赤字。甘肃、海南和江西于 2033 年出现基金累计赤字。天津、湖北于 2028 年出现基金累计赤字。上海、湖南于 2029 年出现基金累计赤字，即全国共有 14 个省份在 2030 年及以前出现基金累计赤字。2030 年以后各省份首次出现累计赤字的时点相对集中，2030 年后有 17 个省份首次出现基金赤字，如北京、广东、江苏等。累计赤字出现时间较晚省份的退职比明显小于累计赤字出现时间较早省份的退职比，而较低的退职比则有利于提高基本养老保险基金的财务可持续性。

从各省份基金累计赤字规模和累计赤字出现的时点来看，至 2055 年，西藏自治区基金累计结余赤字规模为 4049.15 亿元，在 2034 年基金出现累计赤字。相较于全国其他省份而言，其基金累计赤字规模最小、累计赤字出现时间较早。而经济较为发达地区，如北京和广东的企业职工基本养老保险基金累计赤字的出现时点较晚，分别在 2036 年和 2042 年，当期赤字的出现时间分别为 2024 年和 2033 年，但 2055 年的累计赤字规模较高，分别高达 89597.45 亿元和 131644.49 亿元。

2. 模拟情形二：中央调剂金比例为 3% 下各省份企业职工基本养老保险基金的财务运行状况

在仅实行中央调剂制度且中央调剂金比例为 3% 的严苛前提假设下，模拟测算各省份企业职工基本养老保险基金的财务运行状况，模拟测算结果如表 4-8 所示。从各省份企业职工基本养老保险基金首次出现累计赤字的年份来看，在实施中央调剂金制度后，广西、宁夏、湖北等省份首次出现累计赤字时点延迟，分别于 2033 年、2042 年和 2029 年首次出现累计赤字，相较于未实施中央调剂金制度，上述省份首次出现累计赤字的时点有所延迟。

表4-8　实施3%中央调剂金制度下企业职工基本养老保险基金收支状况

地区	累计赤字时点	2055年累计赤字（亿元）	调剂前后2055年累计结余变化（亿元）	调剂前后首次出现累计赤字年份变化	地区	累计赤字时点	2055年累计赤字（亿元）	调剂前后2055年累计结余变化（亿元）	调剂前后首次出现累计赤字年份变化
北京	2035—2055	90597.45	-1000.00	提前	湖北	2029—2055	184153.00	9497.29	延迟
天津	2028—2055	64595.85	-221.58	不变	湖南	2031—2055	181218.36	9230.16	延迟
河北	2029—2055	192105.34	11191.49	延迟	广东	2039—2055	286004.04	-54359.56	提前
山西	2033—2055	81360.96	4102.23	不变	广西	2033—2055	94682.49	1011.09	延迟
内蒙古	2031—2055	87072.98	4167.14	延迟	海南	2033—2055	21432.23	-876.63	不变
辽宁	2024—2055	220972.97	221525.68	延迟	重庆	2027—2055	124279.33	3855.86	延迟
吉林	2022—2055	127072.13	110198.45	延迟	四川	2030—2055	236797.31	5292.19	不变
黑龙江	2022—2055	148263.49	215650.23	延迟	贵州	2032—2055	72084.60	-2594.44	提前
上海	2028—2055	158479.97	-5372.20	提前	云南	2033—2055	81454.52	-2014.86	不变
江苏	2029—2055	314782.88	10832.26	提前	西藏	2033—2055	1481.60	2567.55	不变
浙江	2033—2055	220918.69	-5792.98	不变	陕西	2032—2055	103547.03	3050.97	不变
安徽	2032—2055	161434.29	4924.10	延迟	甘肃	2033—2055	52560.18	2885.71	不变
福建	2033—2055	95892.39	-3507.83	提前	青海	2033—2055	15199.36	1667.98	延迟
江西	2033—2055	107424.69	1637.74	不变	宁夏	2042—2055	17410.76	1469.70	延迟
山东	2028—2055	329090.92	9751.14	延迟	新疆	2035—2055	62142.71	940.56	延迟
河南	2026—2055	11345.03	191309.25	提前					

资料来源：作者整理计算得出。

从中央调剂金制度实施前后的各省份基金2055年累计结余规模变化来看，至2055年，北京、天津、上海、浙江、福建、海南、贵州、云南、广东的累计结余规模呈现下降趋势，上述省份的累计结余分别减少了1000亿元、221.58亿元、5372.20亿元、5792.98亿元、3507.83亿元、876.63亿元、2594.44亿元、2014.86亿元和54359.56亿元。以广东为例，作为经济发展较快的地区，一方面，广东在上解中央调剂额方面发挥了重要的贡献，导致基金支出规模增加；另一方面，虽然当前广东养老负担相较于全国而言相对较轻，但至 2055 年，老龄化速度较快，企业职工退休老龄人口规模扩大，所负担的离退休人数较多，基金支付规模扩大。

同时，黑龙江、吉林、辽宁、河南的基金累计结余规模变化也呈现快速扩大的趋势，上述省份 2055 年的基金累计结余分别增加了 215650.23 亿元、110198.45 亿元、221525.68 亿元和 191309.25 亿元。以东北三省为例，作为人口老龄化严峻、老龄化速度和规模都较高且在一定时期为国家经济发展贡献较大力量、承担较重制度转轨的省份，在中央调剂金制度实施之前，上述省份的基金财务可持续发展水平远低于全国平均水平，但在实施中央调剂金制度后，一方面通过下拨较大规模的中央调剂金，承担了一定的制度转轨成本，增加了基金收入；另一方面，至 2055 年，当期老龄人口数量可能已经退出领取养老金的领域，使基金支付减少，从而使调剂后的累计结余规模扩大。

3. 模拟情形三：中央调剂金比例为 3.5% 下各省份企业职工基本养老保险基金的财务运行状况

在仅实行中央调剂制度且中央调剂金比例为 3.5% 的严苛前提假设下，模拟测算在不同上解比例增加情况下，各省份企业职工基本养老保险基金的财务运行状况，模拟测算结果如表 4-9 所示。

表 4-9　实施 3.5% 中央调剂金制度下企业职工基本养老保险基金收支状况

地区	每年增加 0.5%		每年增加 1%		2055 年累计结余变化（亿元）	调剂前后首次出现累计赤字年份变化
	累计赤字时点	2055 年累计赤字（亿元）	累计赤字时点	2055 年累计赤字（亿元）		
北京	2031~2055	−163910.50	2030~2055	−217701.53	−53791.03	提前
天津	2028~2055	−65363.52	2029~2055	−66094.26	−730.74	延迟
河北	2031~2055	−162322.18	2034~2055	−134404.27	27917.91	延迟
山西	2035~2055	−67868.30	2038~2055	−55059.34	12808.95	延迟
内蒙古	2032~2055	−70707.37	2033~2055	−55036.29	15671.08	延迟

续表

地区	每年增加 0.5%		每年增加 1%		2055 年累计结余变化（亿元）	调剂前后首次出现累计赤字年份变化
	累计赤字时点	2055 年累计赤字（亿元）	累计赤字时点	2055 年累计赤字（亿元）		
辽宁	2025～2055	-150431.34	2027～2055	-83477.32	66954.02	延迟
吉林	2023～2055	-92137.73	2025～2055	-58903.07	33234.66	延迟
黑龙江	2022～2055	-94316.51	2022～2055	-42977.90	51338.61	不变
上海	2027～2055	-172792.10	2027～2055	-186208.86	-13416.76	不变
江苏	2030～2055	-326103.87	2030～2055	-327563.58	-1459.71	不变
浙江	2032～2055	-234325.94	2032～2055	-246767.70	-12441.76	不变
安徽	2032～2055	-148318.35	2033～2055	-136023.07	12295.27	延迟
福建	2033～2055	-104323.89	2032～2055	-112170.74	-7846.86	提前
江西	2033～2055	-105604.29	2034～2055	-104056.85	1547.44	延迟
山东	2029～2055	-301499.48	2030～2055	-275533.24	25966.24	延迟
河南	2033～2055	-169517.52	2036～2055	-147207.08	22310.17	延迟
湖北	2031～2055	-153924.18	2032～2055	-125278.23	28645.94	延迟
湖南	2032～2055	-154292.11	2033～2055	-128904.22	25387.89	延迟
广东	2035～2055	-452813.06	2033～2055	-610562.15	-157749.09	提前
广西	2033～2055	-95587.31	2033～2055	-96660.65	-1073.34	不变
海南	2033～2055	-25017.32	2033～2055	-28456.31	-3438.99	不变
重庆	2028～2055	-114711.01	2029～2055	-105785.34	8925.67	延迟
四川	2031～2055	-223694.98	2032～2055	-211474.68	12220.30	延迟
贵州	2033～2055	-85305.35	2033～2055	-98093.73	-12788.38	不变
云南	2033～2055	-90373.24	2033～2055	-98956.16	-8582.92	不变
西藏	2033～2055	-4676.82	2032～2055	-7699.96	-3023.15	提前
陕西	2033～2055	-93650.46	2033～2055	-84262.44	9388.02	不变
甘肃	2033～2055	-42764.79	2033～2055	-33450.38	9314.41	不变
青海	2033～2055	-18101.91	2032～2055	-18949.13	-847.22	提前
宁夏	2027～2055	-5723.23	2033～2055	-8562.51	-2839.28	延迟
新疆	2033～2055	-57428.73	2033～2055	-52871.56	4557.17	不变

资料来源：作者整理计算得出。

当将中央调剂金比例设定为3.5%，且以每年0.5%的调剂比例增加时，从各省企业职工基本养老保险基金首次出现累计赤字的年份来看，相较于3%的中央调剂金比例，北京、上海、浙江、广东、宁夏、新疆等省份首次出现累计赤字的时点提前，分别于2031年、2027年、2032年、2035年、2027年和2033年首次出现累计赤字。此外，山西、河北、吉林、辽宁、内蒙古、江苏、河南、湖北、湖南、四川、重庆等省份首次出现基金累计赤字的时点将延迟，分别于2035年、2031年、2023年、2025年、2032年、2030年、2033年、2031年、2032年、2031年和2028年首次出现累计赤字。

从各省份基金累计赤字规模来看，以广东为例，其基金赤字规模的变化幅度较大，相较于3%的中央调剂金比例下，2055年的基金赤字规模扩大了166809.02亿元。主要原因是广东经济发展较快，作为中央调剂基金的主要贡献者，其贡献了较大规模的上解额，尤其随着上解比例的提高，其上解额的增加规模更大，导致基金支出规模增加；同时，至2055年老龄退休人口增加，人口老龄化也导致基金支出规模扩大。

同时，黑龙江、吉林、辽宁、内蒙古、山西、河北、山东、湖南、湖北等地区的累计赤字规模呈现下降趋势。以黑龙江为例，其基金赤字规模变化幅度最大，相较于3%的中央调剂金比例下，2055年的基金赤字规模下降了53946.98亿元。主要原因是作为中央调剂金制度的主要受益者，其获得了较大规模的下拨额，尤其人口老龄化进程的加快，退休老龄人口数量增加，在下拨比例不变的情况下，其所获得的下拨额增加，导致基金收入规模扩大。

而海南、重庆、福建、江西、四川、西藏、贵州等地区的基金累计赤字规模的变动幅度较小。以西藏为例，其基金累计赤字规模的变化仅为3195.22亿元，主要原因是相较于全国其他地区，该地区经济发展相对较为缓慢，老龄人口和劳动人口基数相对不大，其所获得的下拨额和上解额规模并不大，因此改变调剂比例对其基金赤字规模的影响并不大。

当将中央调剂金比例设定为3.5%，且以每年1%的调剂比例增加时，相较于每年增加 0.5% 的调剂比例而言，各省份企业职工基本养老保险基金首次出现累计赤字年份有所变化，如上海、江苏、浙江、广西、海南、贵州、云南等 11 省份的基金首次出现累计赤字的时点不变。但河南、安徽、湖南、湖北、重庆、四川、河北、山西、吉林、辽宁等 15 省份出现基金累计赤字的时点都有所延迟。

从各省份基金累计赤字规模来看，相较于每年增加 0.5% 的调剂比例而言，广东的基金累计赤字规模最大，主要原因在于广东是中央调剂金制度的最为重要的贡献者。而西藏和宁夏的企业职工基本养老保险基金累计赤字规模不超过 1 万亿元，主要原因在于上述地区是实施中央调剂金制度的受益者，且上述地区的经济发展相对较缓慢、人口相对较少、在职劳动职工人数不多，导致其对上解额的贡献并不太大。

从各省份基金累计结余变化来看，相较于每年增加 0.5% 的调剂比例而言，基金累计结余变化呈现多样化。至 2055 年，有 17 省份的累计结余呈现扩大态势，14 省份的累计结余呈现减少态势。具体而言，基金累计结余规模减小最多的省份是广东省，基金累计结余规模变化最小的省份是天津。

同时，黑龙江、吉林、辽宁、河北、山东、湖南、湖北、河南 8 省份的基金累计结余变化规模均超过 2 万亿元，其中，辽宁、黑龙江、吉林的基金累计结余变化规模位列前三，均超过 3 万亿元。江西、重庆、甘肃、新疆和陕西等省份的基金累计结余变化规模均低于 1 万亿元。以西藏为例，至 2055 年，其基金累计结余变化的规模仅为 4557.17 亿元。

总体而言，在上解比例每年由 0.5% 递增至 1% 时，2055 年各省份企业职工基本养老保险基金的累计赤字也发生变动，如图 4-2 所示。无论上解比例是从 3% 提高至 3.5%，以每年 0.5% 还是以每年 1% 递增，北京、广东、上海、江苏、福建、浙江、海南、西藏等地区的 2055 年累计赤字规模都有所扩大。而黑龙江、吉林、辽宁、内蒙古等地区的累计赤字规模都有所下降，累计结余增加。这也表明实行中央调剂金制度，在全国范围内对各地基金结余进行合理调剂，在一定程度上有效地解决了地区间养老负担和基金结余分布不均衡的问题，可以提升大多数省份的基金财务可持续性。

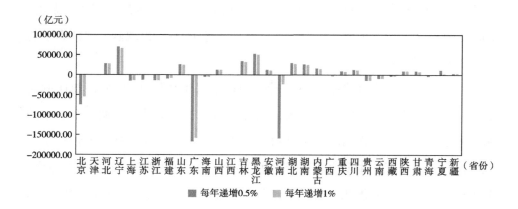

（亿元）

■ 每年递增0.5%　　■ 每年递增1%

图4-2　不同上解比例下2055年各省份企业职工基本养老保险基金累计赤字变动情况

第三节　主要结论及问题分析

综上所述，以各省份渐进式统筹层次改革的政策为外生冲击，基于2000~2020年省际面板数据，利用渐进双重差分的因果识别方法构建计量模型，对统筹层次影响企业职工基本养老保险基金财务可持续性进行实证检验。在较大程度上避免了内生性问题的干扰，也能够更加准确地估计出政策效应。根据计量模型的回归结果，可得如下研究结论：

第一，由基准回归结果可知，实施提高统筹层次的政策，能够显著促进基金财务可持续发展。在考虑控制变量、实施省份固定效应和年份固定效应的基础上，该研究结论依然成立。尤其是从各控制变量的系数来看，经济发展水平、养老保险制度赡养率、老年抚养比、社保征收机构改革等变量的系数均具有经济学意义，且分别通过显著性水平检验。

第二，在反事实检验和稳健性检验方面，利用时间安慰剂检验，排除可能由于基准回归结果受到不可观测遗漏变量的干扰，进一步对研究结论进行分析。此外，在基准回归模型中，分别对核心变量缩尾、增加控制变量、替换被解释变量，对研究结论进行稳健性检验。研究显示，统筹层次对企业职工基本养老保险基金财务可持续性具有"促进"效应，即计量模型也通过了稳健性检验。

第三，将中央调剂金制度引入精算模型中，通过改变制度参数，模拟测算实施中央调剂金制度下的企业职工基本养老保险基金财务的运行状况，并从长期视角模拟测算中央调剂制度对各省份企业职工基本养老保险基金财务可持续性的影响。精算研究结果显示：①未实行中央调剂金制度时，东北地区基金首次出现累计赤字的时间远快于全国其他省份；②中央调剂制度实施后，黑龙江、吉林、辽宁等省份的基金首次出现累计赤字时点将延迟；③当中央调剂金上解比例提高时，黑龙江、吉林、辽宁、内蒙古、四川、重庆、湖北等省份的基金累计赤字规模出现下降，基金财务可持续状况得到改善，基金财务可持续性也有所提升。

本章的研究结论为研究统筹层次影响企业职工基本养老保险基金财务可持续性提供了经验证据，同时也为提高统筹层次，稳步推进全国统筹、全面提升养老保险基金的统筹能力和资金实力等提供了重要的政策启示。本章的实证结论表明，提高统筹层次可以增强企业职工基本养老保险基金的财务可持续能力。因此，应持续稳步推进基本养老保险全国统筹。但值得注意的是，中央调剂金制度的实际运行效果受退休年龄、遵缴率、工资水平、缴费费率等多种因素影响。在推进养老保险全国统筹的基础上，应综合考虑企业职工基本养老保险基金的财务运行状况，兼顾公平与效率，运用多种配套政策共同施力。

第五章　缴费率对企业职工基本养老保险基金财务可持续性影响的实证分析

作为企业职工基本养老保险制度的核心要素之一，缴费率不仅影响着企业职工基本养老保险基金的收入水平，也影响着企业成本和劳动者的参保行为。对企业而言，过高的缴费率可能会增加企业的用工成本，压缩企业的利润空间，从而影响市场经济的活力。对政府而言，过低的缴费率会使基金收入大幅下降，尤其在人口老龄化加剧的背景下，甚至可能导致企业职工基本养老保险基金入不敷出，从而无法有效分散劳动者年老退休后的收入下降风险，致使制度设计初衷及其部分功能无法充分实现。尤其在面临养老保险基金支付压力与降低企业职工基本养老保险缴费费率迫切需求并存的困境下，从静态和动态两个视角展开实证分析，以期为研究缴费率影响基金财务可持续性等提供实证支撑。

第一节　缴费率对企业职工基本养老保险基金财务可持续性影响的计量分析

一、研究设计

围绕缴费率影响企业职工基本养老保险基金财务可持续性的研究假设，构建双向固定效应的计量模型，同时，对计量模型进行变量选择，并对样本数据来源与描述性统计进行分析。

（一）模型设定及变量选择

为验证缴费率对企业职工基本养老保险基金财务可持续性的影响，本章构建如下基准回归模型：

$$Ye_{it} = \alpha_0 + \alpha_1 x_{it} + \alpha_2 x_{it}^2 + \alpha_3 D_{it} + \varphi_i + \psi_t + v_{it} \tag{5-1}$$

式中，Ye_{it} 为被解释变量，衡量企业职工基本养老保险基金财务可持续状况，具体用企业职工基本养老保险基金财务可持续指数表示。x_{it} 为解释变量，为企业职工基本养老保险的政策缴费比例，x_{it}^2 为企业职工基本养老保险政策缴费比例的平方。31 个省份用字母 i 表示，观测时间用字母 t 表示，省份固定效应和年份固定效应分别用字母 φ_t 和 ψ_t 表示，v_{it} 为随机扰动项。相关控制变量用 D_{it} 表示，主要包括工资水平的对数（lnwage）、城镇化率（urban）、经济发展水平（lngdp）、国有经济占比（se）、市场化指数（market）、财政能力（finace）、社会保障费征收机构（policy），如果 i 省在 t 年实施由税务机关征收社会保障费，那么其值为 1，否则取 0。模型中各变量含义及说明如表 5-1 所示。

表 5-1 缴费率影响研究的变量定义与说明

变量类型	变量代码	变量名称	变量定义
被解释变量	Ye	企业职工基本养老保险基金财务可持续指数	基于 AHP 分析方法,利用待遇充足指数、成本负担指数和支付能力指数等综合计算
解释变量	x	养老保险政策缴费比例	单位缴费比例与个人缴费比例之和
控制变量	lnwage	工资水平	城镇在岗职工平均工资的对数
	se	国有经济占比	各省城镇国有单位工资总额与城镇所有单位工资总额的比重
	Policy	征收机构	如果某省在某年实行税务机关征收,那么其值为 1,否则取 0
	lngdp	经济发展水平	各地区人均 GDP 的对数
	market	市场化指数	中国分省份市场化指数报告[①]
	finace	财政能力	各省份一般公共预算收入与 GDP 的相对比重
	Urban	城镇化率	城镇人口数量与总人口的相对比重

(二) 样本数据来源与描述性统计

研究所用数据来源于《中国人口与就业统计年鉴》《中国人力资源和社会保障年鉴》《中经网数据库》《中国劳动统计年鉴》《中国统计年鉴》。为减少异方差问题干扰,提高模型估计的准确性,进一步将工资水平、人均 GDP 等变量取对数,具体描述如表 5-2 所示。

表 5-2 缴费率影响研究的主要变量描述性统计

变量	观测值	平均值	标准差	最小值	最大值
企业职工基本养老保险基金财务可持续指数	651	0.184	0.05	0.03	0.329
工资水平的对数	651	0.230	0.060	0.110	0.460
国有经济占比	651	0.590	0.130	0.340	1.140
社保征收机构虚拟变量	651	0.324	0.468	0	1
经济发展水平	651	10.121	0.850	7.923	12.009
财政能力	651	0.097	0.034	0.044	0.245
市场化指数	651	5.868	1.948	-0.230	11.710
城镇化率	651	0.499	0.160	0.183	0.938

---

① 王小鲁,胡李鹏,樊纲.中国分省份市场化指数报告(2021)[M].北京:社会科学文献出版社,2021.

由表 5-2 可知，企业职工基本养老保险基金财务可持续指数的平均值为
0.184，最大值与最小值分别为 0.329 和 0.03；财政能力的平均值为 0.097，
最大值与最小值分别为 0.245 和 0.044；市场化指数的平均值为 5.868，最大
值与最小值分别为 11.710 和-0.230；城镇化率的平均值为 0.499，最大值与
最小值分别为 0.938 和 0.183；工资水平的平均值为 10.40，最大值与最小值
分别为 12.130 和 8.840；经济发展水平的平均值为 10.121，最大值与最小值
分别为 12.009 和 7.923。

为了分析企业职工基本养老保险基金财务可持续指数的动态趋势，选取
2000 年、2005 年、2010 年、2015 年和 2020 年的企业职工基本养老保险基金
财务可持续指数进行 Kernel 密度估计（见图 5-1）。在样本考察期内，核密
度曲线的波峰逐年右移，核密度曲线的峰值不断上升，表明企业职工基本养
老保险基金财务可持续指数整体呈现上升趋势。

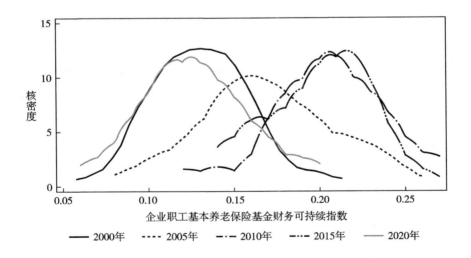

图 5-1　企业职工基本养老保险基金财务可持续指数的核密度趋势

为检验变量间的多重共线性问题，表 5-3 汇报了各变量的方差膨胀因子
VIF。由表可知，所有变量中最大的 VIF 值为 4.24，远小于 10。

表 5-3　缴费率影响研究的各变量的方差膨胀因子 VIF

变量	urban	se	policy	lnwage	finace	market
VIF	4.24	2.52	1.07	4.58	3.31	3.49
1/VIF	0.236	0.397	0.933	0.218	0.302	0.287

二、计量结果

基准回归模型（5-1）的估计结果如表 5-4 所示。由此可知，企业职工基本养老保险的政策缴费比例对企业职工基本养老保险基金财务可持续指数的影响显著为正，缴费比例的平方对基金财务可持续指数的影响显著为负，即政策缴费率与企业职工基本养老保险基金财务可持续指数之间呈现倒 U 形关系。由于我国企业职工养老保险的政策缴费率总体偏高，而过高的政策缴费率可能导致企业劳动力成本增加，致使部分企业缺乏竞争力，甚至可能降低社会就业水平，从而影响经济活力。由基准回归结果可知，在不考虑其他影响因素的前提下，当企业职工基本养老保险政策缴费比例小于 15.94% 时，提高企业职工基本养老保险政策缴费比例，对企业职工基本养老保险基金财务可持续性将产生促进效应；而当政策缴费比例高于 15.94%[①]，提高政策缴费比例并不能提升企业职工基本养老保险基金的财务可持续性，甚至可能会降低基金财务可持续发展能力。

表 5-4　缴费率影响研究的基准回归结果

变量	被解释变量：Ye		
	（1）	（2）	（3）
x	3.435**	3.202*	3.165*
	(1.695)	(1.675)	(1.672)
x^2	−10.761**	−9.974**	−9.928**
	(4.899)	(4.835)	(4.827)

① 根据表 5-4 第三列回归系数计算得到（−3.165/（−9.928×2））。

续表

变量	被解释变量：Ye		
	（1）	（2）	（3）
policy	0.009*	0.009*	0.009**
	（0.005）	（0.005）	（0.005）
lngdp	0.032**	0.030**	0.021*
	（0.014）	（0.014）	（0.011）
finace	0.120		
	（0.109）		
se	0.201***	0.197***	0.202***
	（0.044）	（0.043）	（0.043）
market	0.007***	0.007***	0.008***
	（0.002）	（0.002）	（0.002）
lnwage	0.066***	0.061***	0.057***
	（0.013）	（0.012）	（0.012）
urban	−0.049	−0.038	
	（0.034）	（0.032）	
Constant	0.413**	0.398**	0.441***
	（0.169）	（0.167）	（0.163）
N	651	651	651
年份固定	是	是	是
省份固定	是	是	是

注：括号里是标准误；＊＊＊表示 $p<0.01$，＊＊表示 $p<0.05$，＊表示 $p<0.1$。

就控制变量而言，经济发展水平、工资水平、市场化程度、财政能力、国有经济占比、社保征收机构改革等变量均对企业职工基本养老保险基金财务可持续性产生正向效应。尤其是市场化程度、国有经济占比、工资水平等变量对企业职工基本养老保险基金财务可持续性的影响均在1%的水平上高度显著。从社保征收机构改革变量来看，其系数估计值为0.009，且在5%的水平上通过了显著性检验。这意味着，由税务部分征收社会保障缴款，有利于提高企业职工基本养老保险基金财务可持续性。究其原因，相较于社保部门征收，由税务部门征收，可以在一定程度上提高征缴率，增加企业职工基本养老保险基金的征缴收入，从而促进企业职工基本养老保险基金财务可持续发展。

三、异质性分析

表5-5中的第（1）列、第（2）列、第（3）列的回归结果表明，政策缴费比例对企业职工基本养老保险基金财务可持续的影响为正，仅在东部地区通过1%显著性水平，而中部地区和西部地区在统计学意义上不显著。政策缴费比例的平方对企业职工基本养老保险基金财务可持续的影响均为负，表明缴费率与各地区企业职工基本养老保险基金财务可持续间仍呈现倒U形关系，但政策缴费比例的平方对企业职工基本养老保险基金财务可持续的影响在中部地区未通过显著性水平检验。从控制变量来看，工资收入、政府财政收入水平、社保征收机构改革等变量对东部地区、中部地区、西部地区的企业职工基本养老保险基金财务可持续性的影响显著为正，且在统计学意义上显著。

表5-5 缴费率影响研究的异质性分析

变量	被解释变量：Ye				
	东部地区（1）	中部地区（2）	西部地区（3）	基金发展状况较好地区（4）	基金发展状况一般地区（5）
x	10.375 ***	17.360	2.386	2.662 ***	16.134 ***
	(2.405)	(14.300)	(1.663)	(0.983)	(5.115)
x^2	−30.306 ***	−52.094	−6.598 *	−8.176 ***	−44.632 ***
	(7.035)	(39.748)	(3.961)	(2.585)	(13.830)
policy	0.034 ***	0.048 ***	−0.029 ***	0.029 ***	0.033 ***
	(0.008)	(0.014)	(0.008)	(0.006)	(0.008)
lnrevenue	0.023 ***	0.033 ***	0.025 ***	0.025 ***	0.022 ***
	(0.003)	(0.004)	(0.003)	(0.002)	(0.003)
lnwage	0.011 **	0.041 ***	0.021 ***	0.036 ***	0.071 ***
	(0.005)	(0.008)	(0.006)	(0.011)	(0.018)

续表

变量	被解释变量：Ye				
	东部地区 （1）	中部地区 （2）	西部地区 （3）	基金发展状况 较好地区（4）	基金发展状况 一般地区（5）
market	0.005* （0.003）	0.010* （0.005）	−0.004 （0.004）	0.007*** （0.003）	0.361*** （0.095）
Constant	−0.684*** （0.197）	−1.083 （1.254）	−0.286 （0.191）	0.378** （0.173）	−0.801* （0.453）
年份固定	是	是	是	是	是
省份固定	是	是	是	是	是

注：括号里是标准误；***表示p<0.01，**表示p<0.05，*表示p<0.1。
　　基金发展状况较好的地区主要包括北京、山西、上海、江苏、浙江、安徽、福建、江西、山东、河南、河北、湖南、广东、广西、重庆、四川、贵州、云南、陕西、新疆等省份。
　　基金发展状况一般的地区主要包括天津、河北、内蒙古、辽宁、吉林、黑龙江、海南、西藏、甘肃、青海、宁夏等省份。

同时，根据企业职工基本养老保险基金结余的充足性指标，来判断各地区企业职工基本养老保险基金的发展状况，可将其分为基金发展状况较好的地区和基金发展状况一般的地区，其异质性回归结果见表5-5第（4）列和第（5）列。研究结果表明，无论是基金发展状况较好的地区，还是基金发展状况一般的地区，企业职工基本养老保险政策缴费比例对企业职工基本养老保险基金财务可持续性的影响为正，且通过1%显著性水平检验。政策缴费比例的平方对企业职工基本养老保险基金财务可持续的影响均为负，在1%的水平上高度显著，表明缴费率与各地区企业职工基本养老保险基金财务可持续性间仍呈现倒U形关系，且工资收入、政府财政收入水平、社保征收机构改革、市场化程度等控制变量均为正值，且在统计学意义上显著。

四、稳健性检验

由基准回归结果可知，政策缴费比例影响企业职工基本养老保险基金财务可持续性。为确定计量模型估计结果的准确性，需要对计量模型进行稳健性检验。从控制 Trend 趋势项、替换解释变量、增加控制变量等多个维度进行稳健性检验，以确保估计结果的稳健性，稳健性检验结果如表 5-6 所示。

表 5-6　缴费率影响研究的稳健性检验

变量	回归结果		
	（1）	（2）	（3）
x	3.165*	4.939**	8.787***
	(1.672)	(2.194)	(1.958)
X^2	-9.928**	-15.534**	-25.440***
	(4.827)	(6.244)	(5.562)
policy	0.009**	0.017***	0.031***
	(0.005)	(0.006)	(0.005)
lngdp	0.021*		
	(0.011)		
lnrevenue			0.023***
			(0.002)
se	0.202***	0.221***	0.186***
	(0.043)	(0.052)	(0.048)
market	0.008***	0.008***	0.006***
	(0.002)	(0.002)	(0.002)
lnwage	0.103***		0.037***
	(0.029)		(0.009)
lnincome		0.049***	
		(0.011)	
cover			0.044*
			(0.025)
Constant	0.441***	0.420*	0.378*
	(0.163)	(0.218)	(0.221)
年份固定	是	是	是
省份固定	是	是	是

注：括号里是标准误；***表示 p<0.01，**表示 p<0.05，*表示 p<0.1。

在基准回归模型中控制 Trend 趋势项，回归结果如表 5-6 中的第（1）列所示。研究结果表明，核心解释变量缴费率系数估计值为 3.165，在 10% 的水平上通过显著性检验，且缴费率平方的系数估计值为 -9.928，在 5% 的水平上通过显著性检验。这表明政策缴费比例显著影响基金财务的可持续发展，且二者呈现倒 U 形关系。同时，控制变量依然显著，且至少通过 10% 水平的显著性检验。

表 5-6 中的第（2）列的回归结果是替换控制变量，用城镇居民可支配收入（lnincome）变量替换城镇在岗职工平均工资（lnwage）变量。在替换控制变量后，核心解释变量政策缴费比例的系数估计值为 4.939，在 5% 的水平上通过显著性检验，且政策缴费比例平方的系数估计值为 -15.534，也通过显著性检验。即在更换解释变量后的核心结论也保持不变，同时，其他控制变量依然显著，且至少通过 5% 水平的显著性检验。

表 5-6 中的第（3）列的回归结果是增加控制变量，即增加企业职工基本养老保险覆盖率变量（cover），核心解释变量系数为 8.787，在 1% 的水平上通过显著性检验，同时政策缴费比例平方的系数估计值为 -25.440，在 1% 显著性水平上通过显著性检验。即在更换解释变量后，核心结论也保持不变，因而证实了本章核心结论的稳健性与准确性。

第二节　缴费率对企业职工基本养老保险基金财务可持续性影响的精算分析

一、精算模型参数设置

前已述及，企业职工基本养老保险基金缴费遵从度等于参保率与征缴率两者之积，作为影响缴费遵从度的重要因素之一，当由税务部门负责社会保险费的征缴时，可以提高社会保险征缴率，而征缴率的增加可以直接提高缴费遵从度。关于企业职工基本养老保险基金缴费遵从度的测算，曾益等（2019）根据国家统计局公布的数据，计算得出 2017 年企业职工基本养老保险基金缴费遵从度约为 65%。值得关注的是，伴随着征缴体制的改革和完善，企业职工基本养老保险基金的缴费遵从度将不断提高。因此，通过将缴费遵从度引入精算模型中，分析其变化对基金可持续性将产生何种规模、何种效果的影响。具体而言，分别将企业职工基本养老保险基金缴费遵从度设置为：68%、71% 和 74%（以 65% 为基础比例，参见第三章），其他精算参数设置不变，关键精算参数设置如表 5-7 所示。

表 5-7　缴费率影响研究的关键精算参数

参数	基准假设
初始就业年龄	22 岁
法定退休年龄	男性 60 岁；女工人 50 岁；女干部 55 岁
最大生存年龄	100 岁
缴费基数增长率	2019 年缴费基数的增长率为 7%，此后每 5 年下降 0.5%，直至 3%
政策缴费率	未下调政策缴费率为 28%
老人及老中人基础养老金计发比例	70%、20%
新中人及新人基础养老金计发比例	男性基础养老金的计发比例为 40%，女工人和女干部的基础养老金的计发比例为 35%
过渡性养老金计发比例	视同缴费年限每满 1 年，过渡性养老金计发比例增加 1.2%
个人账户养老金计发月数	男性：139 个月；女工人：195 个月；女干部：170 个月
个人账户记账利率	5%
养老金增长率	缴费基数增长率的 90%
基金保值增值率	2.5%
初始累计结余	44401.70 亿元

二、模拟情形一：缴费比例不变，缴费遵从度调整方案下的精算模拟结果

在无其他政策干预的情况下，即未实行"全面二孩"政策、未引入外源性融资、未实施征收体制改革、未改变退休年龄等严苛前提假设下，政策缴费率为28%时，模拟测算在不同缴费遵从度下的基金财务运行状况。

当缴费遵从度为68%时，精算模拟结果显示：在测算期内，基金收入规模和基金支出规模呈现快速扩大趋势，基金收入和基金支出分别从2021年的4.91万亿元、4.18万亿元上升至2055年的28.42万亿元、38.99万亿元，其年均增长速度分别高达5.15%和6.38%，前者比后者的年均增长速度慢1.23%，如图5-2所示。

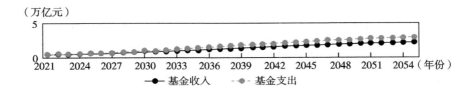

（万亿元）

图5-2　2021~2055年企业职工基本养老保险基金的财务运行状况

表5-8　2021~2055年企业职工基本养老保险基金收支状况

单位：万亿元

年份	基金收入	基金支出	当期结余	累计结余	年份	基金收入	基金支出	当期结余	累计结余
2021	4.91	4.48	0.43	4.26	2033	11.52	15.19	-3.67	-6.04
2022	5.34	4.51	0.82	5.21	2034	12.52	16.59	-4.07	-10.37
2023	5.80	5.35	0.45	5.80	2035	13.61	17.93	-4.32	-15.06
2024	6.75	6.36	0.39	6.35	2036	14.54	18.77	-4.23	-19.77
2025	7.01	6.69	0.32	6.84	2037	15.50	19.96	-4.46	-24.83
2026	7.50	7.61	-0.10	6.91	2038	16.48	21.90	-5.43	-31.02
2027	8.16	8.46	-0.29	6.78	2039	17.48	23.15	-5.66	-37.60
2028	8.85	9.45	-0.60	6.33	2040	18.55	23.72	-5.17	-43.84
2029	9.59	10.45	-0.86	5.60	2041	19.51	25.09	-5.59	-50.66
2030	9.70	11.58	-1.88	3.82	2042	20.47	26.38	-5.91	-57.98
2031	9.75	12.68	-2.92	0.92	2043	21.32	27.29	-5.97	-65.55
2032	10.60	13.68	-3.08	-2.22	2044	22.06	28.48	-6.42	-73.77

续表

年份	基金收入	基金支出	当期结余	累计结余	年份	基金收入	基金支出	当期结余	累计结余
2045	22.82	29.48	-6.66	-82.44	2051	26.53	35.81	-9.28	-145.71
2046	23.47	30.86	-7.39	-92.07	2052	26.97	36.75	-9.78	-159.38
2047	24.11	32.08	-7.97	-102.55	2053	27.44	38.21	-10.76	-174.40
2048	24.78	31.70	-6.92	-112.20	2054	27.92	38.62	-10.70	-189.73
2049	25.44	32.61	-7.16	-122.35	2055	28.42	38.99	-10.57	-205.31
2050	26.12	33.41	-7.28	-132.88					

资料来源：作者整理计算得出。

相较于基础模拟测算结果，企业职工基本养老保险基金缴费遵从度由65%增至68%，累计结余出现赤字时点由2031年延长至2032年，同时2055年累计赤字也由241.91万亿元减少至205.31万亿元（见表5-8和图5-3），即基金财务在短期内可持续。

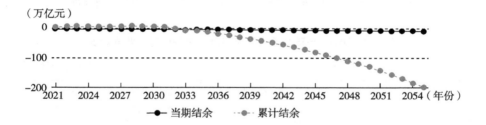

图 5-3 2021~2055 年企业职工基本养老保险基金的当期结余额和累计结余额

从当期结余率和累计结余率来看，当缴费遵从度为68%时，企业职工基本养老保险基金当期结余率和累计结余率呈现下降趋势，当期结余率和累计结余率分别从2021年的8.67%、86.89%下降至2055年的-37.02%、-722.44%（见图5-4）。值得关注的是，累计结余率的速度远快于当期结余率的速度，主要原因是累计结余额降低的规模和速度都高于当期结余额降低的规模和速度。而相较于基础模拟测算结果，企业职工基本养老保险基金缴费遵从度由

65%增至68%时，2055年的当期结余率由-43.53%增至-37.2%，2055年的累计结余率也由-890.51%增至-722.44%。

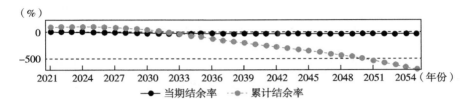

图5-4　2021～2055年企业职工基本养老保险基金的当期结余率和累计结余率

当缴费遵从度提高3个百分点（缴费遵从度68%）后，至2055年，基金收入由最初的23.78万亿元增长至28.42万亿元，平均增长率高达4.64%；当期赤字由11.83万亿元减少至10.57万亿元，累计赤字也由241.91万亿元减少至205.31万亿元，从而也推迟了累计赤字的出现时间。同时，基金累计结余的变化也呈现增加状态，如累计结余规模的变化幅度在2032年为68.33%、2055年为15.13%，换言之，累计赤字规模减小的比例分别为68.33%和15.13%（见表5-9），基金支付压力得到一定程度上的缓解，基金财务可持续性得以提高。上述结论无论是在短期内（2032年及以前）还是在长期内（2055年及以前）均成立。

表5-9　企业职工基本养老保险基金财务运行状况（缴费遵从度上升3%）

年份	基金财务运行状况（万亿元）				变化幅度（%）			
	基金收入	基金支出	当期结余	累计结余	收入	支出	当期结余	累计结余
2021	4.91	4.48	0.43	4.26	4.69	0.00	104.76	5.45
2026	7.50	7.61	-0.10	6.91	4.60	0.00	-76.74	34.96
2032	10.60	13.68	-3.08	-2.22	4.64	0.00	-13.24	-68.33
2038	16.48	21.90	-5.43	-31.02	4.63	0.00	-11.71	-23.60
2044	22.06	28.48	-6.42	-73.77	4.60	0.00	-13.24	-18.59
2050	26.12	33.41	-7.28	-132.88	4.61	0.00	-13.74	-16.67
2055	28.42	38.99	-10.57	-205.31	4.64	0.00	-10.65	-15.13

资料来源：作者整理计算得出。

如果缴费遵从度进一步提高，由68%上调至71%后，至2055年，当期赤字由10.57万亿元减少至9.32万亿元，累计赤字也由205.31万亿元减少至168.71万亿元，进一步推迟了当期赤字和累计赤字的出现时间，甚至在2027年及以前不出现当期赤字、2033年及以前不出现累计赤字（见表5-10）。同时，基金累计结余率和当期结余率分别为-31.40%和-568.57%，同比上升15.59%和18.87%，基金支付压力得到一定程度上的缓解，基金财务可持续性得以进一步提高。

表5-10　不同缴费遵从度下企业职工基本养老保险基金财务运行情况

模拟情况（%）	当期赤字时点	累计赤字时点	2055年当期赤字（万亿元）	2055年累计赤字（万亿元）	当期结余率（%）	累计结余率（%）
缴费遵从度65	2026—2055	2031—2055	-11.83	-241.91	-43.53	-890.51
缴费遵从度68	2026—2055	2032—2055	-10.57	-205.31	-37.20	-722.44
缴费遵从度71	2028—2055	2033—2055	-9.32	-168.71	-31.40	-568.57
缴费遵从度74	2029—2055	2035—2055	-8.06	-132.11	-26.08	-427.18

资料来源：作者整理计算得出。

当缴费遵从度进一步由71%提高至74%，至2055年，当期赤字由9.32万亿元减少至8.06万亿元，累计赤字也由168.71万亿元减少至132.11万亿元，进一步推迟了当期赤字和累计赤字的出现时间，甚至在2028年及以前不出现当期赤字、2034年及以前不出现累计赤字。同时，基金累计结余率和当期结余率分别为-26.08%和-427.18%，同比上升16.94%和24.87%，基金支付压力得到一定程度上的缓解，基金财务可持续性持续提高。

此外，相较于缴费遵从度为65%时，当缴费遵从度提高至74%，企业职工基本养老保险基金当期结余率和累计结余率也在不断增长，2055年企业职工基本养老保险基金当期结余率和累计结余率分别从-43.53%、-890.51%增长至-26.08%、-427.18%。综上所述，随着缴费遵从度的提高，基金财务可持续状况显著提升。值得关注的是，提高缴费遵从度需要与其政策配套使用，以此可以更好地提升基金财务可持续性。

三、模拟情形二：缴费比例下降，缴费遵从度调整方案下的精算模拟结果

为减轻企业的社保缴费压力。根据国家部署，自 2022 年 1 月 1 日起实施企业职工基本养老保险全国统筹，统一养老保险缴费比例是全国统筹的重要内容之一。自 2022 年 1 月起，全国各地将统一执行国家核准的参保单位缴费率和个人缴费率，即单位缴费比例由 20% 降至 16%，个人缴费比例仍为 8%，政策缴费率也由 28% 降至 24%。Edwards 等（2016）认为，养老保险政策缴费率的下降，可以缓解养老保险基金的支付压力，提升基金财务可持续性。

基于此，本章模拟政策缴费率降低 4 个百分点时，即政策缴费率由 28% 降至 24% 时，企业职工基本养老保险基金的财务运行状况。参考曾益等（2022）的研究，降低政策缴费率会提高缴费遵从度，即政策缴费率下调 4 个百分点时，缴费遵从度增加 12.648 个百分点，此时缴费遵从度为 77.468%。

精算模拟结果显示：在测算期内，基金收入规模和基金支出规模呈现快速扩大趋势，基金收入和基金支出分别从 2021 年的 4.67 万亿元、4.48 万亿元上升至 2055 年的 27.75 万亿元、38.99 万亿元，其年均增长速度分别高达 5.22% 和 6.38%，前者比后者的年均增长速度慢 1.16%（见表 5-11）。

表 5-11　2021~2055 年企业职工基本养老保险收支状况（政策缴费率下调 4%）

单位：万亿元

年份	基金收入	基金支出	当期结余	累计结余	年份	基金收入	基金支出	当期结余	累计结余
2021	4.67	4.48	0.19	3.55	2023	5.88	5.35	0.53	5.04
2022	5.24	4.51	0.73	4.38	2024	6.61	6.36	0.26	5.43

续表

年份	基金收入	基金支出	当期结余	累计结余	年份	基金收入	基金支出	当期结余	累计结余
2025	7.40	6.69	0.71	6.29	2041	19.05	25.09	-6.04	-54.33
2026	8.07	7.61	0.46	6.92	2042	19.99	26.38	-6.39	-62.24
2027	8.16	8.46	-0.29	6.80	2043	20.82	27.29	-6.47	-70.43
2028	8.85	9.45	-0.60	6.35	2044	21.54	28.48	-6.94	-79.31
2029	9.59	10.45	-0.86	5.62	2045	22.28	29.48	-7.20	-88.67
2030	9.76	11.58	-1.82	3.89	2046	22.92	30.86	-7.94	-99.02
2031	9.92	12.68	-2.75	1.17	2047	23.54	32.08	-8.54	-110.25
2032	10.35	13.68	-3.33	-2.21	2048	24.20	31.70	-7.50	-120.69
2033	11.25	15.19	-3.94	-6.31	2049	24.85	32.61	-7.76	-131.67
2034	12.23	16.59	-4.37	-10.94	2050	25.51	33.41	-7.90	-143.06
2035	13.29	17.93	-4.64	-15.98	2051	25.91	35.81	-9.91	-156.79
2036	14.20	18.77	-4.57	-21.06	2052	26.34	36.75	-10.42	-171.38
2037	15.13	19.96	-4.82	-26.53	2053	26.80	38.21	-11.41	-187.36
2038	16.09	21.90	-5.82	-33.16	2054	27.27	38.62	-11.35	-203.68
2039	17.07	23.15	-6.08	-40.22	2055	27.75	38.99	-11.24	-220.30
2040	18.12	23.72	-5.60	-46.96					

资料来源：作者整理计算得出。

　　从当期结余率和累计结余率观之，基金当期结余率和累计结余率呈现下降趋势，当期结余率和累计结余率分别从 2021 年的 4.11%、75.86% 下降至 2055 年的-40.50%、-793.85%（见图 5-5）。值得关注的是，累计结余率的速度远快于当期结余率的速度，主要原因是累计结余额降低的规模和速度都高于当期结余额降低的规模和速度。

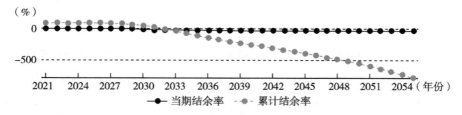

图 5-5　企业职工基本养老保险基金当期结余额和
累计结余额（政策缴费率下降 4%）

综上所述，与实行 28% 的政策缴费率相比，政策缴费率下调 4 个百分点时，当期赤字出现的时间向后推迟，但累计赤字出现的时间不变，且累计赤字规模减少了 0.01 万元。2055 年的基金当期结余和累计结余分别与实行 28% 的政策缴费率相比，政策缴费率下调 4 个百分点时，当期赤字出现的时间向后推迟，但累计赤字出现的时间不变，且累计赤字规模减少了 0.01 万元。2055 年的基金当期结余和累计结余分别为 -11.24 万元和 -220.30 万元，相较于未下调政策缴费率，其变化幅度分别为 -6.34% 和 -7.30%，即政策缴费率下调 4 个百分点时，企业职工基本养老保险基金在 2032 年开始出现累计赤字，即在短期（2021~2031 年）内基金财务可持续能力较强，但在中期（2032~2055 年）内基金财务可持续性减弱。

第三节　主要结论及问题分析

由上述分析可知，一方面，基于 2000~2020 年省际面板数据，利用双向固定效应的计量方法，构建计量模型，对缴费率影响企业职工基本养老保险基金财务可持续性进行计量分析。为较大程度上避免了内生性问题的干扰，更加准确地估计出回归结果，分别对计量模型进行基础回归分析、异质性分析和稳健性检验。根据计量模型回归结果，可得如下研究结论：

第一，由基准回归结果可知，政策缴费比例与基金财务可持续指数呈现正相关关系，政策缴费比例的平方与基金财务可持续指数呈现负相关关系，即养老保险政策缴费率与企业职工基本养老保险基金财务可持续性之间呈现倒 U 形关系。在考虑控制变量、省份固定效应和年份固定效应的基础上，该研究结论依然成立。从各控制变量的系数来看，经济发展水平、工资水平、市场化程度、财政能力、社保征收机构改革等均对企业职工基本养老保险基金财务可持续性产生正向效应，尤其是财政能力、经济发展水平等变量对企业职工基本养老保险基金财务可持续性均在 1%的水平下高度显著。

第二，在异质性分析方面，政策缴费比例对财务可持续指数的影响显著为正，政策缴费比例的平方对财务可持续指数的影响显著为负，即养老保险政策缴费率与企业职工基本养老保险基金财务可持续指数仍呈倒 U 形。在稳健性检验方面，在基准回归模型的基础上，在控制 Trend 趋势项、替换解释变量和增加控制变量后，核心变量和控制变量的系数均具备经济学含义且显著，表明模型通过了稳健性检验。

另一方面，将政策缴费率的变动考虑在精算模型中，通过改变制度参数，测算缴费率变动、缴费遵从度调整方案下的企业职工基本养老保险基金财务可持续状况，并从长期视角研判、模拟测算缴费率和缴费遵从度调整对基金财务可持续性的影响。精算研究结果表明：①在无任何政策干预且维持原缴费率的情况下，即在不引入任何改善基金收支运行状况的政策，与未上调缴费遵从度（65%）的情况相比，当缴费遵从度提高 3 个百分点，使基金支付压力得到一定程度上的缓解。②相较于缴费遵从度为 65%时，当缴费遵从度提高至 74%时，企业职工基本养老保险基金当期结余率和累计结余率也在不断增长，基金财务可持续性得以提高。③在政策缴费率由 28%降至 24%的方案下，基金收入的绝对值均高于基金支出的绝对值，企业职工基本养老保险基金财务可持续性较强。

本章的研究结论为政策缴费比例影响基金财务可持续性提供了经验证据和政策启示。本章的实证结论表明，在不考虑其他影响因素的前提下，实施降费率的同时，并提高缴费遵从度，可以提升基金财务可持续的运行能力。因此，为提升基金财务可持续的发展水平，不仅要依赖于降低缴费率政策的实施，更需要坐实缴费基数等政策的配套使用。

第六章 人口老龄化对企业职工基本养老保险基金财务可持续性影响的实证分析

根据联合国人口老龄化的统计标准，作为当今人口老龄化最为快速、规模最大的发展中国家之一，我国老龄化进程发展相对较快，相应地，对企业职工基本养老保险基金财务可持续性也将产生不可忽视的影响。因此，基于计量模型和精算模型，从静态和动态两个视角，运用中介效应模型、门槛效应模型和精算模型等，对人口老龄化影响企业职工基本养老保险基金财务可持续性展开实证分析，以期为研究人口老龄化影响企业职工基本养老保险基金财务可持续性提供实证支撑。

第一节 人口老龄化影响企业职工基本养老保险基金财务可持续的计量分析

一、研究设计

围绕人口老龄化影响企业职工基本养老保险基金财务可持续性的研究假

设，通过引入中介效应模型，将城镇化视为中介变量，构建中介效应模型；同时，对变量进行选择，并对样本数据来源与描述性统计进行简单分析。

1. 模型设定及变量选择

本章借鉴 Bongaarts（2010）、陈艳莹等（2013）、李小林等（2020）的研究，利用中介效应检验方法，选择劳动供给和产业结构两个中介变量，构建中介效应模型，以研究人口老龄化对基金财务可持续性的影响。具体模型设计如下：

基准方程：

$$Ye_{it}=r_0+c_0 old_{it}+\gamma X_{it}+\varphi_i+\psi_t+v_{it} \tag{6-1}$$

路径方程：

$$job_{it}=r_1+\alpha_1 old_{it}+\gamma Q_{it}+\varphi_i+\psi_t+v_{it} \tag{6-2}$$

$$plot_{it}=r_2+\alpha_2 old_{it}+\gamma Q_{it}+\varphi_i+\psi_t+v_{it} \tag{6-3}$$

中介方程：

$$Ye_{it}=r_3+c_1 old_{it}+b_1 job_{it}+\gamma X_{it}+\varphi_i+\psi_t+v_{it} \tag{6-4}$$

$$Ye_{it}=r_4+c_2 old_{it}+b_2 plot_{it}+\gamma X_{it}+\varphi_i+\psi_t+v_{it} \tag{6-5}$$

$$Ye_{it}=r_5+c_3 old_{it}+b_3 job_{it}+b_4 plot_{it}+\gamma X_{it}+\varphi_i+\psi_t+v_{it} \tag{6-6}$$

式中，Ye_{it} 为被解释变量，表示企业职工基本养老保险基金财务可持续指数，用以衡量企业职工基本养老保险基金财务可持续性。old_{it} 为解释变量，表示人口老龄化水平，job_{it} 和 $plot_{it}$ 为中介变量，分别表示为劳动供给和产业结构；X_{it}、Q_{it} 为相关控制变量，主要包括工资水平（lnwage）、经济发展水平（eco）、养老保险制度覆盖率（ic）、养老保险制度赡养率（p）、养老保险制度替代率（rate）、养老保险基金累计结余率（q）等，模型中各变量含义及说明如表6-1所示。i 代表 31 个省份，t 表示样本时间，φ_t 表示省份固定效应，ψ_t 表示年份固定效应，v_{it} 为随机扰动项。

表 6-1　人口老龄化影响研究的变量定义与说明

变量类型	变量代码	变量名称	变量定义
被解释变量	Ye	企业职工基本养老保险基金财务可持续指数	基于 AHP 分析方法，利用待遇充足指数、成本负担指数和支付能力指数等综合计算
解释变量	old	人口老龄化	老龄人口（65 岁及以上）与劳动人口数的相对比重
中介变量	job	劳动供给水平	城镇就业人口数与城镇人口数的相对比重
	plot	产业结构水平	第三产业产值与第二产业产值的相对比重
	lnwage	工资水平	城镇在岗职工平均工资的对数
	ic	养老保险制度覆盖率	各地区企业职工养老保险参保人数与城镇就业人口数的相对比重
	se	国有经济占比	各省城镇国有单位工资总额与城镇所有单位工资总额间的比重
	q	养老保险基金累计结余率	各地区基金累计结余与基金当期收入的相对比重
	rate	养老保险制度替代率	人均养老金支出与上年度城镇在岗职工平均工资的相对比重
	p	养老保险制度赡养率	企业职工基本养老保险离退休职工人数与实际参保缴费职工人数的相对比重
	eco	经济发展水平	各地区人均 GDP 与国家人均 GDP 的相对比重

2. 样本数据来源与描述性统计

研究所用数据来源于《中国人口与就业统计年鉴》《中国人力资源和社会保障年鉴》《中经网数据库》《中国劳动统计年鉴》《中国统计年鉴》。为减少异方差问题干扰，提高模型估计的准确性，进一步将企业职工工资水平变量取对数，具体变量的描述性统计如表 6-2 所示。

表 6-2　人口老龄化影响研究的主要变量描述性统计

变量	观测值	平均值	标准差	最小值	最大值
基金财务可持续指数	651	0.184	0.050	0.030	0.329
人口老龄化水平	651	0.130	0.030	0.060	0.250
城镇劳动供给水平	651	0.230	0.060	0.110	0.460

续表

变量	观测值	平均值	标准差	最小值	最大值
城镇产业结构水平	651	1.190	0.620	0.520	5.240
工资水平	651	10.40	0.770	8.840	12.130
养老保险制度覆盖率	651	0.500	0.140	0.090	1.100
养老保险基金累计结余率	651	0.860	0.480	-0.390	3.200
养老保险制度替代率	651	0.590	0.130	0.340	1.140
养老保险制度赡养率	651	0.440	0.140	0.110	0.920
经济发展水平	651	1.030	0.590	0.340	3.820

人口老龄化水平（old）的平均值为 0.130，最大值与最小值分别为 0.250 和 0.06；城镇劳动供给水平（job）的平均值为 0.230，最大值与最小值分别为 0.460 和 0.110；城镇产业结构水平（plot）的平均值为 1.190，最大值与最小值分别为 5.240 和 0.520；工资水平（lnwage）的平均值为 10.40，最大值与最小值分别为 12.130 和 8.840；经济发展水平的平均值为 1.030，最大值与最小值分别为 3.820 和 0.340。养老保险制度覆盖率的平均值为 0.500，最大值与最小值分别为 1.100 和 0.090。养老保险基金累计结余率的平均值为 0.860，最大值与最小值分别为 3.200 和 -0.390。养老保险制度替代率的平均值为 0.590，最大值与最小值分别为 1.140 和 0.340。养老保险制度赡养率的平均值为 0.440，最大值与最小值分别为 0.920 和 0.110。

为检验变量间多重共线性问题，表 6-3 汇报了各变量的方差膨胀因子 VIF。可知，所有变量中最大的 VIF 值为 3.96，远小于 10。

表 6-3　人口老龄化影响研究的各变量的方差膨胀因子 VIF

	old	job	Plot	ic	p	eco	q	rate	lnwage
VIF	2.37	2.18	1.85	1.71	2.56	5.17	2.64	2.92	2.79
1/VIF	0.422	0.459	0.541	0.585	0.392	0.193	0.379	0.343	0.357

二、中介效应

基础模型回归结果如表 6-4 所示，依次对路径方程和中介方程进行回归，模型估计结果如表 6-5 和表 6-6 所示。

表 6-4　人口老龄化影响研究的基准方程估计结果

变量	基准方程（6-1）	中介方程（6-6）
old	-1.585 ***	-1.537 ***
	(0.197)	(0.201)
job		0.0691
		(0.118)
plot		0.0142
		(0.0105)
lnwage	0.0687 ***	0.0830 ***
	(0.0147)	(0.0169)
ic	0.0366	0.0227
	(0.0403)	(0.0428)
se	0.0466	0.00888
	(0.0790)	(0.0855)
q	0.243 ***	0.246 ***
	(0.0156)	(0.0162)
rate	-0.348 ***	-0.346 ***
	(0.0594)	(0.0611)
p	-0.237 ***	-0.217 ***
	(0.0557)	(0.0569)
eco	0.0196 *	0.289 ***
	(0.0102)	(0.0539)
Constant	2.188 ***	2.307 ***
	(0.179)	(0.193)
N	651	651
Adj-R^2	0.666	0.680

续表

变量	基准方程（6-1）	中介方程（6-6）
省份效应	是	是
年份效应	是	是

注：括号里是标准误；＊＊＊表示 p<0.01，＊＊表示 p<0.05，＊表示 p<0.1。

表 6-5　基于劳动供给的中介效应估计结果

变量	路径方程（6-2）	中介方程（6-4）
old	−0.367＊＊＊ （0.0694）	−1.540＊＊＊ （0.201）
job		0.215＊＊ （0.0988）
lnwage	0.0377＊＊＊ （0.00517）	0.0732＊＊＊ （0.0152）
ic	0.130＊＊＊ （0.0142）	0.0208 （0.0429）
se	0.231＊＊＊ （0.0279）	0.0185 （0.0832）
q	0.0173＊＊＊ （0.00551）	0.241＊＊＊ （0.0157）
rate	−0.0895＊＊＊ （0.0210）	−0.359＊＊＊ （0.0603）
p	−0.0718＊＊＊ （0.0196）	−0.228＊＊＊ （0.0563）
eco	0.0769＊＊＊ （0.00359）	0.0103 （0.0133）
Constant	−0.241＊＊＊ （0.0631）	2.217＊＊＊ （0.181）
N	651	651
Adj-R^2	0.514	0.674
省份效应	是	是
年份效应	是	是

注：括号里是标准误；＊＊＊表示 p<0.01，＊＊表示 p<0.05，＊表示 p<0.1。

表6-6　基于产业结构的中介效应估计结果

变量	路径方程（6-3）	中介方程（6-5）
old	-1.596**	-1.559***
	(0.786)	(0.197)
plot		0.0331***
		(0.0100)
lnwage	0.827***	0.0821***
	(0.0585)	(0.0168)
ic	0.346**	-0.0310
	(0.161)	(0.0404)
Se	2.777***	0.00158
	(0.315)	(0.0836)
q	0.298***	0.248***
	(0.0623)	(0.0159)
rate	-0.620***	-0.338***
	(0.237)	(0.0597)
p	-1.059***	-0.219***
	(0.222)	(0.0566)
eco	0.387***	0.0134
	(0.0407)	(0.0109)
Constant	-7.244***	2.305***
	(0.715)	(0.193)
N	651	651
Adj-R^2	0.494	0.672

注：括号里是标准误；＊＊＊表示 $p<0.01$，＊＊表示 $p<0.05$，＊表示 $p<0.1$。

表6-4 列示了基准方程回归的估计结果，由此可知，基准回归方程（6-1）和中介回归方程（6-6）中的解释变量人口老龄化的回归系数均在1%水平上通过了显著性检验。这表明：解释变量人口老龄化与被解释变量基金财务可持续指数间存在较为稳定的相关关系，即存在直接效应。人口老龄化水平每增加1个百分点，企业职工基本养老保险基金财务可持续性可能降

低 1.585 个百分点，即人口老龄化对企业职工基本养老保险基金财务可持续性具有负向影响，从而验证了理论假说 3。

就控制变量而言，经济发展水平、人口流动、工资水平、养老保险制度覆盖率、国有经济占比、养老保险基金累计结余率等变量对企业职工基本养老保险基金财务可持续性均产生正向影响，尤其是工资水平和养老保险基金累计结余率等变量对企业职工基本养老保险基金财务可持续性的影响均通过了 1% 的显著性水平检验。从养老保险基金累计结余率变量来看，养老保险基金累计结余率每增加 1 个百分点，企业职工基本养老保险基金财务可持续性可能增加 0.243 个百分点。总体而言，解释变量人口老龄化与被解释变量企业职工基本养老保险基金财务可持续指数之间存在显著的相关关系，这也表明可以继续进行中介效应分析。

1. 劳动供给中介效应下的人口老龄化对企业职工基本养老保险基金财务可持续的影响

由中介方程（6-4）的估计结果可知，解释变量人口老龄化的回归系数在 1% 水平上通过了显著性检验。这也表明：解释变量人口老龄化对被解释变量基金财务可持续指数具有显著的直接影响，即人口老龄化水平每增加 1 个百分点，企业职工基本养老保险基金财务可持续性可能降低 1.54 个百分点，且在 1% 置信水平下显著，也验证了理论假说 3。

由路径方程（6-2）的估计结果可知，通过劳动供给中介变量，解释变量人口老龄化对被解释变量劳动供给之间具有显著的间接影响。具体而言，解释变量人口老龄化的回归系数在 1% 水平上通过了显著性检验，人口老龄化的回归系数为 -0.367，这表明人口老龄化与劳动供给水平之间存在负相关关系。在中介方程（6-4）的回归结果中，劳动供给水平的回归系数为 0.215，且在 5% 水平上通过检验，这也表明劳动供给水平与基金财务可持续性之间存在正相关关系。由此，可得到人口老龄化与基金财务可持续性之间的影响机制，即人口老龄化通过抑制劳动供给规模和水平，进而会降低企业职工基本养老保险基金财务可持续性，从而验证了本章提出的理论假说4。

2. 产业结构中介效应下的人口老龄化对企业职工基本养老保险基金财务可持续的影响

由中介方程（6-5）的估计结果可知：解释变量人口老龄化的回归系数在1%水平上通过了显著性检验。这也表明解释变量人口老龄化对被解释变量基金财务可持续性具有显著的直接影响，即人口老龄化水平每增加1个百分点，企业职工基本养老保险基金财务可持续性可能降低1.559个百分点，且在1%置信水平下显著，验证了理论假说H3。

由路径方程（6-3）的估计结果可知，通过产业结构变量，解释变量人口老龄化对被解释变量产业结构具有显著的间接影响。具体而言，解释变量人口老龄化的回归系数在1%水平上通过了显著性检验，人口老龄化的回归系数为-1.596，这表明人口老龄化与产业结构之间存在负向关系，人口老龄化加重会显著抑制城镇产业结构的变迁。在中介方程（6-5）的回归中，产业结构的回归系数为0.0331，且在1%水平上通过显著性检验，这也表明产业结构与基金财务可持续性之间存在正向关系，即产业结构变迁可以提升基金财务的可持续发展水平。由此，可得到人口老龄化与基金财务可持续性之间的影响机制，即人口老龄化通过改变产业结构，提升企业职工基本养老保险基金财务可持续性，从而验证了本章提出的理论假说5。

3. 双重中介效应下的人口老龄化对企业职工基本养老保险基金财务可持续的综合影响

由中介方程（6-6）的估计结果可知，在充分考虑双重中介效应后，可知解释变量人口老龄化的回归系数在1%水平上通过了显著性检验。这也表明解释变量人口老龄化对被解释变量基金财务可持续具有显著的综合影响，即人口老龄化水平每增加1个百分点，企业职工基本养老保险基金财务可持续性可能降低1.537个分点，且在1%置信水平下显著。当与仅考虑产业结构中介变量或产业结构中介变量相比较时，该系数值分别为-1.540和-1.559，可知系数值明显高于前两个，这表明在双重中介效应下，人口老龄化对基金财务可持续性的影响较大。

就控制变量而言，经济发展水平、工资收入水平、基金累计结余率等变量均对企业职工基本养老保险基金财务可持续性产生正向影响。从经济发展水平变量来看，经济发展水平每增加 1 个单位，使企业职工基本养老保险基金财务可持续性可能增加 0.289 个单位，且通过了 1% 显著性水平的检验。从工资收入变量来看，工资收入每变动 10% 个单位，促使基金财务可持续性增加 0.83% 个单位，该回归系数在 1% 显著水平上通过了显著性检验。从基金累计结余率变量来看，基金累计结余率每增加 1 个单位，基金财务可持续性可能增加 0.009 个单位，且在 1% 的显著性水平上通过显著性检验。

而养老保险制度赡养率、替代率等变量均对企业职工基本养老保险基金财务可持续性产生负向影响。从养老保险制度替代率变量来看，养老保险制度替代率每增加 1 个单位，基金财务可持续性可能降低 0.346 个单位。从养老保险制度赡养率变量观之，养老保险制度赡养率每增加 1 个单位，基金财务可持续性可能降低 0.217 个单位，且在 1% 水平上通过显著性检验。其他控制变量，如国有经济占比、覆盖率等变量虽符合经济学意义，但未通过显著性检验。

4. 稳健性检验

本章采取如下方法验证核心结论的稳健性：一是在计量模型回归中加入对外贸易开放程度、删去国有经济占比等控制变量；二是替换被解释变量，在基准方程（6-1）、路径方程（6-2）、中介方程（6-4）、路径方程（6-3）和中介方程（6-5）回归分析，用累计结余与基金支出的相对比重来衡量企业职工基本养老保险基金财务可持续性，稳健性回归结果如表 6-7 所示。研究结果表明，人口老龄化对企业职工基本养老保险基金财务可持续具有"抑制"效应，且在 1% 置信水平上的显著。

表 6-7　人口老龄化影响研究的稳健性检验

变量	基准方程 （6-1）	路径方程 （6-2）	中介方程 （6-4）	路径方程 （6-3）	中介方程 （6-5）
old	−1.900 ***	−0.617 ***	−1.715 ***	−4.041 ***	−1.709 ***
	（0.273）	（0.0678）	（0.289）	（0.782）	（0.277）
job			0.307 *		
			（0.157）		
plot					0.0474 ***
					（0.0137）
lnwage	0.0400 ***	0.00620 *	0.0417 ***	0.444 ***	0.0610 ***
	（0.0144）	（0.00358）	（0.0144）	（0.0413）	（0.0155）
ic	0.227 ***	0.129 ***	0.268 ***	0.440 **	0.247 ***
	（0.0596）	（0.0148）	（0.0631）	（0.171）	（0.0594）
trade	0.251 ***	0.0214 **	0.256 ***	0.113	0.245 ***
	（0.0380）	（0.00946）	（0.0380）	（0.109）	（0.0377）
q	1.477 ***	0.0141 **	1.471 ***	0.298 ***	1.491 ***
	（0.0231）	（0.00577）	（0.0232）	（0.0659）	（0.0232）
rate	−0.0626	0.125 ***	−0.102	−0.0391	−0.0608
	（0.0858）	（0.0213）	（0.0879）	（0.245）	（0.0850）
p	−0.0668	−0.0178	−0.0617	−0.352	−0.0501
	（0.0770）	（0.0191）	（0.0769）	（0.220）	（0.0765）
eco	0.0728 ***	0.0824 ***	0.0979 ***	0.282 ***	0.0862 ***
	（0.0237）	（0.00587）	（0.0269）	（0.0677）	（0.0238）
Constant	0.424 **	0.144 ***	0.377 **	−2.571 ***	0.546 ***
	（0.176）	（0.0438）	（0.178）	（0.504）	（0.178）
N	651	651	651	651	651
Adj-R^2	0.941	0.514	0.905	0.494	0.942

注：括号里是标准误；＊＊＊表示 p<0.01，＊＊表示 p<0.05，＊表示 p<0.1。

就控制变量而言，工资水平、市场化指数、经济发展水平、工资水平、养老保险制度覆盖率、养老保险基金累计结余率、养老保险制度替代率、赠养率等变量的系数基本都显著，仍通过了1%、5%置信水平上的显著性检验。即核心变量和控制变量的系数均显著，且符合经济学含义，这表明模型通过了稳健性检验。

三、门槛效应

由线性回归模型的估计结果可知：人口老龄化变量对基金财务可持续性产生显著的线性影响。而由于劳动供给和产业结构对企业职工基本养老保险基金财务可持续性的影响是多层面的，可能存在非线性关系。本章借鉴李虹等（2018）的研究，设定面板门槛回归模型如下：

$$Ye = \beta_0 + \beta_1 old + \beta_2 \ln job \cdot 1(\ln job \leq \zeta) + \beta_3 \ln job \cdot 1(\ln job > \zeta) + \gamma X_{it} + \varphi_i + \psi_t + v_{it}$$

$$(6-7)$$

$$Ye = \eta_0 + \eta_1 old + \eta_2 \ln plot \cdot 1(\ln plot \leq \vartheta) + \eta_3 \ln plot \cdot 1(\ln plot > \vartheta) + \alpha X_{it} + \varphi_i + \psi_t + v_{it}$$

$$(6-8)$$

其中，门槛值可用 ζ、ϑ 衡量，将其与门槛变量劳动供给 $\ln job$、产业结构 $\ln plot$ 进行对比，可判断其被划分在不同的区间内。X 代表控制变量，包括工资水平、养老保险覆盖率、市场化程度、收入水平、养老保险基金累计结余率、养老保险赡养率等变量。

分别以劳动供给、产业结构为门槛值，运用 Stata17.0 统计软件，对门槛效应进行检验，从而可以判断上述门槛变量是否存门槛效应，检验结果如表6-8 和表6-9 所示。

表6-8 门槛效应检验结果（lnjob）

模型	F 统计值	P 值	1%临界值	5%临界值	10%临界值
单一门槛	28.14*	0.085	42.233	30.592	27.118
双重门槛	9.19	0.584	29.361	23.453	19.440

表 6-9　门槛效应检验结果（lnplot）

模型	F 统计值	P 值	1%临界值	5%临界值	10%临界值
单一门槛	40.74 **	0.011	41.584	22.472	23.142
双重门槛	24.67 *	0.060	35.645	25.675	21.838
三重门槛	21.98	0.692	61.325	51.375	45.879

　　当 lnjob 为门槛变量时，可得到以下结论：F 统计量在单门槛模型中，P 值均小于 0.1，即在 10% 的水平下显著，而 F 统计量在双重门槛模型中不显著，因此门槛模型（6-7）中仅存在劳动供给的单门槛值（见表 6-8）。当 lnplot 为门槛变量时，可得到以下结论：F 统计量无论是在单门槛模型中，还是在双重门槛模型中，P 值均小于 0.1，即至少在 10% 的水平下显著，而 F 统计量在三重门槛模型中不显著，因此模型中存在两个门槛值（见表 6-9）。劳动供给门槛值的估计结果和产业结构门槛值的估计结果如表 6-10 所示。

表 6-10　门槛估计值及其置信区间

门槛参数	门槛值	Job 对应值	95%置信区间
lnjob	-1.672	0.188	[-1.676, -1.672]
lnplot	-0.047	0.954	[-0.057, -0.046]
lnplot	0.648	1.912	[0.628, 0.673]

　　根据面板门槛回归结果，可以得到劳动供给的单门槛估计值和产业结构的双门槛估计值在 95% 置信区间下的似然比函数图，其似然比函数图如图 6-1 和图 6-2 所示。由检验结果可知：劳动供给的单门槛值、产业结构的双门槛值均是真实有效的。

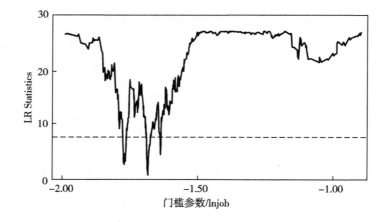

图 6-1　劳动供给的单门槛估计结果①

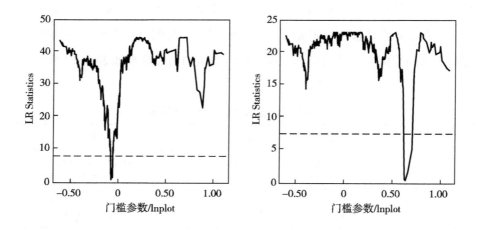

图 6-2　产业结构的双门槛估计结果②

　　从门槛变量——劳动供给观之，当 lnjob 在不同的取值范围时，人口老龄化对基金财务可持续性的影响效果不同（见表 6-11）。当 lnjob ≤ -1.672 时，其回归系数为 -0.132，这表明人口老龄化对基金财务可持续性具有显著的抑

---

① 图为城镇劳动供给门槛值 -1.672 对应的估计结果。
② 两个图依次为城镇产业结构门槛值 -0.047 和 0.648 对应的估计结果。

制作用，即人口老龄化每增加1%，基金财务可持续性将下降0.132个百分点，并在1%水平上通过显著性检验。当 lnjob>-1.672 时，人口老龄化对基金财务可持续性的影响系数为-0.100，这表明人口老龄化对基金财务可持续具有显著的抑制作用，即人口老龄化每增加1%，基金财务可持续将下降0.1个百分点，并在1%水平上通过了显著性检验。该结论也验证了理论假说6。

表 6-11　面板单门槛模型参数估计结果

变量	门槛模型（7）	门槛模型（8）
lnwage	0.230***	0.178***
	(0.0662)	(0.0662)
ic	0.0476	0.136*
	(0.0831)	(0.0777)
lnincome	0.357***	0.258***
	(0.0756)	(0.0769)
market	0.0177***	0.0160***
	(0.00508)	(0.00495)
p	-0.441***	-0.459***
	(0.0813)	(0.0791)
rate	-0.271***	-0.320***
	(0.0659)	(0.0650)
q	0.212***	0.141***
	(0.0199)	(0.0209)
lnold	-0.132***	
(lnjob≤-1.672)	(0.0407)	
lnold	-0.100**	
(lnjob>-1.672)	(0.0400)	
lnold		-0.115***

续表

变量	门槛模型（7）	门槛模型（8）
（lnplot≤-0.047）		（0.0389）
lnold		-0.077**
（-0.047<lnplot≤0.648）		（0.0390）
lnold		-0.0143
（lnplot>0.648）		（0.0410）
Constant	2.095***	1.789***
	（0.204）	（0.203）
N	651	651
Adj-R²	0.530	0.557

注：括号里是标准误；***表示 p<0.01，**表示 p<0.05，*表示 p<0。

从门槛变量——产业结构来看，当 lnplot 在不同的取值范围时，人口老龄化对企业职工基本养老保险基金财务可持续的影响效果不同。当 lnplot≤-0.047 时，人口老龄化对数 lnold 对企业职工基本养老保险基金财务可持续的影响系数为-0.115，这表明人口老龄化对企业职工基本养老保险基金财务可持续具有显著的抑制作用，即人口老龄化每增加10%，基金财务可持续将下降1.15个百分点，并在1%水平上通过显著性检验。当-0.047<lnplot≤0.648 时，人口老龄化对企业职工基本养老保险基金的影响系数为-0.077，这表明人口老龄化对企业职工基本养老保险基金财务可持续具有显著的抑制作用，即人口老龄化每增加10%，企业职工基本养老保险基金财务可持续性将下降0.77个百分点，并在1%水平上通过显著性检验。当 lnplot>0.648 时，非线性部分人口老龄化对企业职工基本养老保险基金财务可持续的影响未通过显著性检验，这也表明伴随城镇产业结构不断优化，可以提升企业职工基本养老保险基金财务可持续性。该结论也验证了理论假说7。

第二节　人口老龄化影响企业职工基本养老保险基金财务可持续的精算分析

一、精算参数设定

前已述及，在进行精算模拟前需要对精算参数进行设定，尤其是研究人口老龄化对企业职工基本养老保险基金财务可持续的影响时，需要考虑生育政策、延迟退休政策如何影响基金财务可持续性，这就需要对总和生育率参数和法定退休年龄参数重新设定，其他精算参数的设置与表 3-1 保持一致。

（一）总和生育率参数设置

生育政策是影响人口年龄结构的重要因素之一，以 2016 年实施的"全面二孩"政策为例①，根据第七次全国人口普查结果显示，总和生育率仅为 1.3。当前的研究均表明：影响生育率的因素错综复杂，而生育政策对基金财务可持续性的影响程度取决于生育意愿的高低，所以可通过设置不同水平生育意愿进行研究。本章参考曾益等（2018）的研究方法，模拟测算生育政策对基金财务可持续性的影响效应。

值得关注的是，利用分档设置生育意愿，测算"全面二孩"政策对企业职工基本养老保险基金财务可持续的影响时，可能存在一定程度的主观性和误差。因此，利用 PADIS-INT 人口预测软件，根据人口发展现状，设置符合

---

① 2021 年 7 月中共中央国务院公布《关于优化生育政策促进人口长期均衡发展的决定》（以下简称决定），提出"实施一对夫妻可以生育三个子女政策，配套实施积极生育支持措施"。但该决定实施时间较短，符合政策夫妇的生育意愿还未完全显现，且生育政策在短时间内较难改变，因此暂不考虑实施"三孩政策"对企业职工基本养老保险基金财务可持续性的影响。

当前人口政策的总和生育率，即将 2019 年总和生育率设置为 1.58，每年增长 0.02，至 2030 年总和生育率达 1.8。考虑到生育政策实施的长期效应，自 2031 年起，总和生育率每年增长 0.08，至 2055 年达到 2，并将其代入 PA-DIS-INT 人口预测软件中。

（二）法定退休年龄参数设置

退休年龄的延迟可以通过增加个体缴费时间、推迟养老金领取时间来改善企业职工基本养老保险基金财务可持续性。Fehr（2012）的研究也认为延迟退休年龄能缩小养老保险基金支付缺口。我国"十四五"规划和 2035 年远景目标纲要明确提出：综合考虑人均预期寿命提高、人口老龄化趋势加快、受教育年限增加、劳动力结构变化等因素，按照小步调整、弹性实施、分类推进、统筹兼顾等原则，逐步延迟法定退休年龄，促进人力资源充分利用。参考曾益等（2018）的研究方法，分别设定两种延迟退休方案，简称方案一和方案二。方案一中将 2052~2055 年的女工人、女干部和男性的退休年龄均设置为 65 岁；方案二中将 2052~2055 年女工人的退休年龄设置为 65 岁、2042~2055 年女干部的退休年龄设置为 65 岁、2032~2055 年男性的退休年龄也设置为 65 岁。其他精算参数同表 3-1 所示。

二、模拟情形一：实行"全面二孩"政策下的精算模拟结果

首先分析无任何政策干预的情况下，即未引入外源性融资、未实施征收体制改革、未改变退休年龄等严苛前提假设下，仅考虑在不同缴费遵从度下，模拟测算生育政策变动对基金财务可持续性的影响。

由于新生人口最早于 2038 年（＝2016+22）成为企业职工基本养老保险的缴费主体，2038 年以前，"全面二孩"政策对企业职工基本养老保险基金财务状况无影响。在缴费遵从度为 65% 时，从短期（2021~2037 年）来看，"全面二孩"政策并未发生作用。然而，自 2038 年起，新生人口开始参加企业职工基本养老保险，企业职工基本养老保险基金收入增加，基金财务可持

续运行状况得以改善。在测算期内，基金收入规模和基金支出规模呈现快速扩大趋势，基金收入和基金支出分别从 2021 年的 4.69 万亿元、4.48 万亿元上升至 2055 年的 31.96 万亿元、40.29 万亿元，其年均增长速度分别高达5.64% 和 6.48%（见图 6-3）。

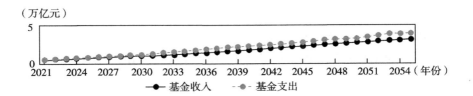

图 6-3　"全面二孩"政策下企业职工基本养老保险基金的财务运行状况

表 6-12　实行"全面二孩"政策下 2021～2055 年企业

职工基本养老保险基金收支状况　　　　　单位：万亿元

年份	基金收入	基金支出	当期结余	累计结余	年份	基金收入	基金支出	当期结余	累计结余
2021	4.69	4.48	0.21	4.04	2036	13.90	18.77	-4.87	-27.50
2022	5.10	4.51	0.59	4.74	2037	14.81	19.96	-5.14	-33.46
2023	5.54	5.35	0.19	5.06	2038	15.75	21.90	-6.15	-40.60
2024	6.45	6.36	0.10	5.29	2039	16.75	21.43	-4.67	-46.41
2025	6.70	6.69	0.01	5.43	2040	18.17	21.94	-3.77	-51.44
2026	7.17	7.61	-0.43	5.12	2041	19.01	23.46	-4.36	-57.19
2027	7.80	8.46	-0.65	4.58	2042	20.04	24.68	-4.64	-63.37
2028	8.46	9.45	-0.99	3.68	2043	20.88	25.70	-4.82	-69.89
2029	9.17	10.45	-1.28	2.45	2044	21.61	26.97	-5.36	-77.13
2030	9.27	11.58	-2.31	0.15	2045	22.36	28.10	-5.74	-84.94
2031	9.32	12.68	-3.35	-3.29	2046	23.59	29.60	-6.01	-93.22
2032	10.13	13.68	-3.55	-7.01	2047	24.26	30.96	-6.70	-102.43
2033	11.01	15.19	-4.18	-11.47	2048	25.58	31.40	-5.81	-110.95
2034	11.97	16.59	-4.62	-16.50	2049	26.96	32.49	-5.53	-119.39
2035	13.01	17.93	-4.92	-21.96	2050	27.73	33.54	-5.81	-128.32

年份	基金收入	基金支出	当期结余	累计结余	年份	基金收入	基金支出	当期结余	累计结余
2051	28.91	36.11	-7.19	-138.90	2054	30.57	39.79	-9.22	-178.07
2052	28.71	37.40	-8.70	-151.29	2055	31.96	40.29	-8.33	-191.06
2053	30.00	39.22	-9.21	-164.51					

资料来源：作者整理计算得出。

在测算期内，基金的累计赤字水平将显著降低，预测期（2021~2055年）内企业职工基本养老保险基金的当期赤字结点为 2026~2055 年，累计赤字结点为 2031~2055 年，2055 年当期赤字和累计赤字分别为 8.3 万亿元、191.06 万亿元（见表6-12和图6-4）。实施"全面二孩"政策后，企业职工基本养老保险基金累计赤字也显著减少，相较于基础模拟测算结果，2055 年累计赤字减少 50.85 万亿元，基金累计赤字随"全面二孩"政策的实施而逐渐减少。

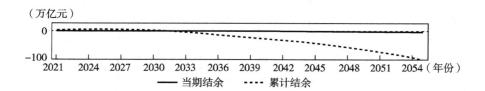

图6-4 "全面二孩"政策下企业职工基本养老保险基金的当期结余额和累计结余额

从当期结余率和累计结余率来看，基金当期结余率和累计结余率都呈现下降趋势，当期结余率和累计结余率分别从 2021 年的 4.46%、88.99%下降至 2055 年的-26.05%、-597.72%（见图6-5），原因是企业职工基本养老保险基金当期结余额和累计结余额在不断下降。值得关注的是，累计结余率的速度远快于当期结余率的速度，主要原因是累计结余额降低的规模和速度都高于当期结余额降低的规模和速度。

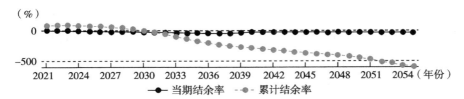

图 6-5 "全面二孩"政策下企业职工基本养老保险基金的当期结余率和累计结余率

当缴费遵从度从 65% 提升至 68% 时，当期赤字结点延迟为 2026～2055 年、累计赤字结点延迟为 2032～2055 年，如表 6-13 所示。至 2055 年，当期赤字和累计赤字规模减小的比例分别为 17.47% 和 20.03%，从而也推迟了累计赤字出现的时间。此外，实施"全面二孩"政策后，企业职工基本养老保险基金当期结余率和累计结余率也在不断增长，2055 年当期结余率和累计结余率增加的比例分别为 21.34% 和 23.56%，即从模拟测算中期（2031～2055 年）来看，"全面二孩"政策的实施，使基金财务可持续性得以提升。

表 6-13 企业职工基本养老保险基金财务运行状况（考虑不同缴费遵从度）

模拟情况（%）	当期赤字时点	累计赤字时点	2055 年当期赤字（万亿元）	2055 年累计赤字（万亿元）	当期结余率（%）	累计结余率（%）
缴费遵从度 65	2026—2055	2031—2055	−8.3	−191.06	−26.05	−597.72
缴费遵从度 68	2026—2055	2032—2055	−6.85	−152.79	−20.49	−456.92
缴费遵从度 71	2028—2055	2033—2055	−5.38	−114.2	−15.4	−328.01
缴费遵从度 74	2029—2055	2035—2055	−3.9	−76.26	−10.72	−209.56

资料来源：作者整理计算得出。

当缴费遵从度从 68% 提升至 71% 时，当期赤字结点延迟为 2028～2055 年、累计赤字结点延迟为 2033～2055 年。至 2055 年，当期赤字和累计赤字规模减少的比例分别为 17.52% 和 25.26%，从而也推迟了累计赤字的出现时间。此外，实施"全面二孩"政策后，企业职工基本养老保险基金当期结余率和累计结余率也在不断增长，2055 年当期结余率和累计结余率增加的比例分别为 24.84% 和 28.21%，基金财务可持续性得以提高。

当缴费遵从度从 71% 提升至 74% 时，当期赤字结点延迟为 2029～2055年、累计赤字结点延迟为 2035～2055 年。至 2055 年，当期赤字规模和累计赤字规模减小的比例分别为 27.51% 和 33.22%，从而也推迟了累计赤字的出现时间。此外，实施"全面二孩"政策后，企业职工基本养老保险基金当期结余率和累计结余率也在不断增长，2055 年的当期结余率和累计结余率增加的比例分别为 30.39% 和 36.11%，基金财务可持续性得以提高。

综上所述，生育政策对基金财务可持续性的作用效果具有一定的滞后性，虽然在短时间内效果并不十分明显，但在中长期内，政策实施效果较为显著。尤其是随着缴费遵从度的提高，基金财务可持续能力明显得到提升。如果想要达到大幅度增强基金财务可持续性的目的，不仅要依赖于生育意愿的提高，更需要其他政策配套的使用。

三、模拟情形二：实行延迟退休政策下的精算模拟结果

（一）实行"男女分开延迟"退休方案下的精算模拟结果

在无任何政策干预的情况下，即未引入外源性融资、未实施征收体制改革、未改变生育政策等严苛前提条件下，假定缴费遵从度为 65%，且考虑实施"男女分开延迟"退休方案，模拟测算其对基金财务可持续性的影响。

在测算期内，基金收入规模和基金支出规模呈现快速扩大趋势，基金收入和基金支出分别从 2021 年的 4.69 万亿元、4.48 万亿元上升至 2055 年的25.84 万亿元、29.59 万亿元，其年均增长速度分别高达 5.00% 和 5.54%（见图 6-6）。

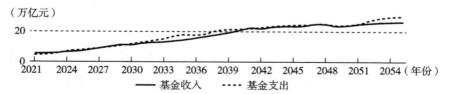

图 6-6 "男女分开延迟"退休方案下企业职工基本养老保险基金的财务运行状况

表 6-14　实行"男女分开延迟"退休方案下

企业职工基本养老保险基金收支状况　　　　单位：万亿元

年份	基金收入	基金支出	当期结余	累计结余	年份	基金收入	基金支出	当期结余	累计结余
2021	4.69	4.48	0.21	4.04	2039	18.98	20.71	-1.72	-11.02
2022	5.10	4.51	0.59	4.74	2040	20.51	20.80	-0.29	-11.60
2023	5.54	5.35	0.19	5.06	2041	21.61	22.03	-0.42	-12.32
2024	6.45	6.36	0.10	5.29	2042	21.39	21.83	-0.44	-13.07
2025	6.70	6.69	0.01	5.43	2043	22.35	22.69	-0.34	-13.75
2026	7.77	7.61	0.17	5.74	2044	22.63	22.73	-0.11	-14.20
2027	8.86	8.46	0.40	6.29	2045	22.89	23.49	-0.60	-15.17
2028	9.67	9.43	0.24	6.69	2046	23.47	23.66	-0.19	-15.74
2029	10.48	10.41	0.06	6.92	2047	24.37	24.61	-0.24	-16.38
2030	10.57	11.52	-0.95	6.12	2048	23.91	24.03	-0.13	-16.92
2031	11.85	12.59	-0.73	5.52	2049	23.06	23.73	-0.67	-18.03
2032	12.27	13.39	-1.13	4.50	2050	23.83	23.84	-0.01	-18.49
2033	12.83	14.73	-1.91	2.66	2051	24.38	24.51	-0.12	-19.08
2034	13.54	16.11	-2.57	0.09	2052	24.75	26.75	-2.00	-21.60
2035	14.18	17.18	-3.00	-2.98	2053	25.16	28.19	-3.03	-25.25
2036	15.39	17.21	-1.83	-4.92	2054	25.50	28.95	-3.45	-29.42
2037	16.47	18.09	-1.62	-6.71	2055	25.84	29.59	-3.75	-34.00
2038	17.80	19.90	-2.10	-9.03					

资料来源：作者整理计算得出。

不仅如此，在 2030 年以前，基金收入的绝对值均高于基金支出的绝对值，因此在 2021～2029 年基金平衡压力较小。在预测期（2021～2055 年）内，企业职工基本养老保险基金的当期赤字结点为 2026～2055 年，累计赤字结点为 2031～2055 年，2055 年当期赤字和累计赤字分别为 8.3 万亿元、191.06 万亿元（见表 6-14 和图 6-7）。相较于未实施延迟退休政策，企业职工基本养老保险基金的当期赤字规模和累计赤字规模均显著减少。而相较于基础模拟测算结果，2055 年的当期赤字和累计赤字分别减少了 8.08 万亿元和 207.91 万亿元。相较于基础模拟测算结果，实施"男女分开延迟"的退休政策，可以在一定程度上改善基金财务可持续的运行状况。

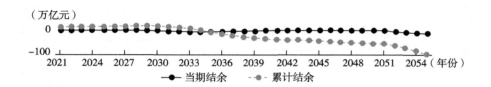

图 6-7　"男女分开延迟"退休方案下企业职工基本养老保险

基金的当期结余额和累计结余额

从当期结余率和累计结余率来看，基金当期结余率和累计结余率呈现下降趋势，当期结余率和累计结余率分别从 2030 年的-9.01%、57.93%下降至 2055 年的-14.50%、-131.56%（见图6-8），原因是企业职工基本养老保险基金当期结余额和累计结余额在不断下降。值得关注的是，累计结余率的速度远快于当期结余率的速度，主要原因是累计结余额降低的规模和速度都高于当期结余额降低的规模和速度。相较于基础模拟测算结果，实施"男女分开延迟"的退休政策，可以显著改善基金财务可持续的运行状况。

图 6-8　"男女分开延迟"退休方案下企业职工基本养老保险

基金的当期结余率和累计结余率

综上所述，实行"男女分开延迟"的退休方案政策可以缓解养老保险基金支付压力、促进企业职工基本养老基金财务可持续发展。如果想要达到大幅度增强基金财务可持续性的目的，不仅要依赖于生育意愿的提高，更需要其他政策配套的使用。

（二）实行"男女一起延迟"退休方案下的精算模拟结果

在无任何政策干预的情况下，即未引入外源性融资、未实施征收体制改革、未改变生育政策等严苛前提条件下，假定缴费遵从度为65%，且考虑实施"男女一起延迟"退休方案，模拟测算对基金财务可持续性的影响。

在测算期内，基金收入规模和基金支出规模呈现快速扩大趋势，基金收入和基金支出分别从2021年的4.69万亿元、4.48万亿元上升至2055年的32.06万亿元、23.03万亿元（见表6-15），其年均增长速度分别高达5.60%和5.44%，在测算期内，前者比后者的年均增长速度快0.16%（见图6-9）。

表6-15　实行"男女一起延迟"退休方案下企业职工

基本养老保险基金收支状况　　　　　单位：万亿元

年份	基金收入	基金支出	当期结余	累计结余	年份	基金收入	基金支出	当期结余	累计结余
2021	4.97	4.16	0.81	4.66	2033	15.20	12.02	3.18	38.66
2022	5.09	4.26	0.83	5.63	2034	16.56	13.03	3.53	43.25
2023	6.10	5.33	0.78	6.56	2035	17.78	14.32	3.46	47.87
2024	6.84	5.57	1.27	8.03	2036	18.97	13.58	5.39	54.59
2025	7.44	5.88	1.56	9.82	2037	19.96	14.67	5.30	61.38
2026	8.30	6.21	2.08	12.21	2038	21.22	16.37	4.86	67.90
2027	9.00	6.97	2.03	14.59	2039	22.30	17.09	5.21	74.93
2028	10.02	7.23	2.78	17.81	2040	23.71	17.91	5.80	82.75
2029	10.84	8.10	2.74	21.06	2041	24.78	18.44	6.34	91.31
2030	12.02	8.51	3.52	25.20	2042	25.94	18.92	7.01	100.78
2031	12.95	9.43	3.53	29.44	2043	26.87	19.52	7.34	110.83
2032	14.14	9.89	4.26	34.54	2044	27.63	19.51	8.11	121.92

续表

年份	基金收入	基金支出	当期结余	累计结余	年份	基金收入	基金支出	当期结余	累计结余
2045	28.43	20.01	8.42	133.60	2051	32.06	23.03	9.03	211.30
2046	29.07	20.92	8.15	145.28	2052	32.40	24.69	7.71	224.49
2047	29.64	21.75	7.89	157.01	2053	32.79	25.83	6.96	237.23
2048	30.30	22.05	8.25	169.39	2054	33.10	26.25	6.85	250.18
2049	30.97	21.76	9.21	183.06	2055	33.42	26.59	6.83	263.44
2050	31.64	22.39	9.25	197.12					

资料来源：作者整理计算得出。

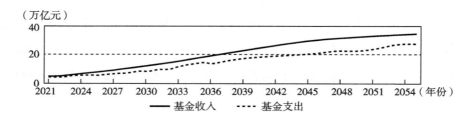

图6-9 "男女一起延迟"退休方案下企业职工基本养老保险基金的财务运行状况

不仅如此，实行"男女一起延迟"的退休方案，使基金收入的绝对值均高于基金支出的绝对值，企业职工基本养老保险基金收支平衡压力减轻，基金财务可持续性较强（见图6-10）。与实施"男女分开延迟退休"方案相比较，实行"男女一起延迟"的退休方案时，2055年的企业职工基本养老保险基金仍有累计结余，且基金累计结余和当期结余均未出现赤字，基金财务可持续运行状况较好。同时，相较于未实施延迟退休政策，企业职工基本养老保险基金当期赤字规模、累计赤字规模均显著减少。相较于基础模拟测算结果，2055年当期赤字规模和累计赤字规模分别减少18.66万亿元和505.35万亿元。

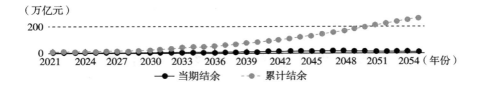

图 6-10　"男女一起延迟"退休方案下企业职工基本养老保险基金的

当期结余额和累计结余额

从当期结余率和累计结余率来看，企业职工基本养老保险基金当期结余率和累计结余率呈现上升趋势，当期结余率和累计结余率分别从 2021 年的 16.30%、93.65%上升至 2055 年的 20.44%、788.27%（见图 6-11）。值得关注的是，累计结余率的速度远快于当期结余率的速度，主要原因是累计结余额的增加规模和速度都高于当期结余额的增加规模和速度。相较于基础模拟测算结果，实施延迟退休政策，可以显著改善基金财务的运行状况。

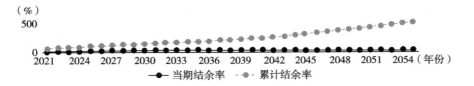

图 6-11　"男女一起延迟"退休方案下企业职工基本养老保险

基金的当期结余率和累计结余率

综上所述，在维持缴费遵从度为 65%和无任何政策干预的情况下，即未引入外源性融资、未实施征收体制改革、未改变生育政策等严苛前提条件下，假定仅实施方案二的退休方案，在 2055 年前基金未出现累计赤字，即基金在预测期（2021~2055 年）内可持续（见表 6-15）。

第三节 主要结论及问题分析

根据上述分析可知，基于2000~2020年省际面板数据，利用中介效应检验方法，选择劳动供给和产业结构等中介变量，构建中介效应模型，以研究人口老龄化对企业职工基本养老保险基金财务可持续性的影响。同时，对人口老龄化影响基金财务可持续性进行门槛效应检验。根据计量模型回归结果，可得如下研究结论：

第一，根据中介效应检验结果可知，一方面解释变量人口老龄化对被解释变量基金财务可持续性具有显著的直接影响。另一方面，通过劳动供给变量、产业结构变量，解释变量人口老龄化对被解释变量劳动供给具有显著的间接影响。在双重中介效应下，人口老龄化对基金财务可持续性的影响较大。

第二，根据门槛效应检验结果可知，当劳动供给水平较低时，人口老龄化的加重抑制了基金财务可持续性。而伴随城镇化进程的不断加快，劳动供给水平较高时，人口老龄化加重对企业职工基本养老保险基金财务可持续性的抑制效应将会有所减弱。同时，当产业结构调整水平较低时，企业职工养老保险面临严重的非持续压力。

第三，利用精算模型，通过改变总和生育率、退休年龄等制度参数，分别模拟测算实施生育政策、延迟退休等方案对企业职工基本养老保险基金财务可持续状况的影响。精算研究结果表明：①实行"全面二孩"政策能在一定程度上改善企业职工基本养老基金财务可持续的发展状况，政策效果在中长期内较为显著。②实行"男女分开延迟"退休方案可以缓解养老保险基金支付压力、提升企业职工基本养老基金财务可持续性。尤其是伴随着缴费遵从度的提高，基金财务可持续能力得到显著提升。③实施"男女一起延迟"

退休方案，企业职工基本养老保险基金在 2055 年前未出现累计赤字，即基金财务在预测期（2021~2055 年）内可持续。

　　本章的研究结论为人口老龄化影响企业职工基本养老保险基金财务可持续性提供了经验证据，同时也为考虑未来实施延迟退休政策、持续推进实施"全面三孩"政策，减轻企业职工基本养老保险基金的支付压力、提高企业职工基本养老保险基金财务可持续性等提供一定的政策启示。

第七章 企业职工基本养老保险基金财务可持续性的政策模拟与评估

作为影响企业职工基本养老保险基金财务可持续性的重要因素，统筹层次、缴费率与缴费费基、人口年龄结构直接影响基金财务的可持续发展。在综合考虑上述影响因素的基础上，进一步将上述参数改革引入精算模型中，研究降低企业职工基本养老保险缴费率、坐实缴费基数、持续推进全国统筹、实施渐进式延迟退休年龄和推进养老金入市等多项政策同时施力，评估其对企业职工基本养老保险基金财务可持续性的综合影响，以期明晰提升企业职工基本养老保险基金财务可持续性的可行路径。

第一节 精算参数设定

一、年龄参数设定

根据历次人口普查的相关规定，以及历年《中国人口统计年鉴》公布的数据，均以 100 岁作为最大生存年龄，本章分别以 100 岁和 22 岁作为企业职工的最大生存年龄和工作年龄。截至目前，我国尚未出台渐进式延迟法定退休年龄的具体方案。在不考虑退休年龄对基金财务可持续性的影响研究中，退休方案仍根据现行规定，即法定退休年龄参设设置与表3-1保持一致。但在下文模拟测算延迟法定退休年龄对基金财务可持续性的影响中，将男性的退休年龄开始延长的时间设置为2042年且延迟频率设定为1岁/2年、将女干部的退休年龄开始延长的时间设置为2032年且延迟频率设定为1岁/2年、将女工人的退休年龄开始延长的时间设置为2022年且延迟频率设定为1岁/2年，上述人群在2051年统一达到65岁，在预测后期2052~2055年，将上述群体的退休年龄统一设定为65岁。

二、缴费基数、缴费比例及缴费遵从度

1. 缴费基数

前已述及，企业职工基本养老保险的实际缴费基数与政策规定的法定缴费基数之间存在一定的差距。考虑到夯实企业职工基本养老保险缴费费基的影响，参考郭瑜等（2019）的研究，设定实际缴费费基占应缴费基的比重为100%，即实际缴费基数与政策规定的法定缴费基数完全相等，换言之，达到完全夯实费基的目的。

2. 缴费比例及缴费遵从度

考虑当前经济下行影响，为企业纾困解难、减轻企业负担，假定企业职工基本养老保险法定缴费率调整为22%，其中个人缴费率比例不变，仍为8%，单位缴费率由16%降至14%。

在考虑到社保征收体制的改革，在基准缴费遵从度65%的设定下，参考曾益等（2022）的研究，降低政策缴费率会提高缴费遵从度，即政策缴费率下调两个百分点时，可增加6.234个百分点的缴费遵从度，此时缴费遵从度为71.23%。

三、其他参数设定

基础养老金计发比例、过渡性养老金计发比例、个人账户养老金计发月数、个人账户记账利率、养老金增长率、基金保值增值率、初始累计结余等参数均与前文保持一致，关键精算参数设定如表7-1所示。

表7-1 关键精算参数设定

参数	基准假设
初始就业年龄	22 岁
法定退休年龄	渐进式延迟退休方案
最大生存年龄	100 岁
缴费基数增长率	2019 年缴费基数的增长率为7%，此后每5年下降0.5%，直至3%
政策缴费率	政策缴费率为22%
缴费遵从度	71.23%
老人及老中人基础养老金计发比例	70%、20%
新中人及新人基础养老金计发比例	男性基础养老金的计发比例为40%，女工人和女干部的基础养老金的计发比例为35%
过渡性养老金计发比例	视同缴费年限每满1年，过渡性养老金计发比例增加1.2%
个人账户养老金计发月数	男性：139 个月；女工人：195 个月；女干部：170 个月
个人账户记账利率	5%
养老金增长率	缴费基数增长率的90%
基金保值增值率	2.5%
初始累计结余	44401.70 亿元

第二节 精算模拟的测算结果与分析

一、模拟情形一：降低企业职工基本养老保险缴费率与坐实缴费基数

在未推行延迟退休年龄政策、未实施"全面二孩"政策、未引入外源性

融资等严苛前提条件下，仅考虑将企业职工基本养老保险缴费率由24%降至22%，同时坐实企业职工基本养老保险缴费基数①的假设下，模拟测算实施上述政策对基金财务运行状况的影响。在测算期内，2021～2055年基金收入规模和基金支出规模呈现快速扩大趋势，基金收入和基金支出分别从2021年的4.51万亿元、4.48万亿元上升至2055年的28.07万亿元、38.99万亿元，其年均增长速度分别高达5.52%和6.74%，如图7-1所示。

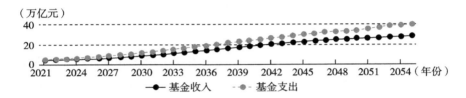

图7-1　2021～2055年企业职工基本养老保险基金的财务运行状况（模拟情形一）

相较于未实行降低养老保险缴费率、未坐实缴费费基、未实施社会保障征收体制改革、未实行延迟退休年龄政策、未实行"全面二孩"政策且未引入外源性融资等基础模拟情形，企业职工基本养老保险基金收入有所增加，以2055年基金收入为例，在无任何政策实施的影响下，2055年基金收入为27.16万亿元，而在企业职工基本养老保险缴费费率降至22%，并夯实缴费费基后，2055年基金收入高达28.07万亿元。

从企业职工基本养老保险基金累计结余来看，如图7-2所示。累计结余在2027年耗尽并于2027年开始出现累计赤字，累计结余规模赤字由2021年的3.85万亿元增加至2055年的235.95万亿元。相较于未实施任何外生政策的基础模拟测算，虽然当前累计赤字出现的时点由2031年提前至2027年，但在测算后期，当期基金赤字规模下降，如2049年累计赤字规模由

---

① 企业职工基本养老保险法定缴费基数为全口径城镇单位就业人员平均工资，且实际缴费费基占应缴费基的比重设定为100%。

147.14 万亿元缩小至 146.88 万亿元。

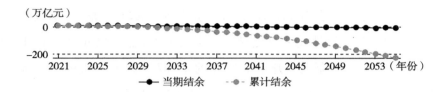

图 7-2 2021~2055 年企业职工基本养老保险基金的

当期结余额和累计结余额（模拟情形一）

从当期结余率和累计结余率来看，基金当期结余率和累计结余率呈现下降趋势，当期结余率和累计结余率分别从 2021 年的 0.57% 和 85.50% 下降至 -38.92% 和 -840.65%（见图 7-3），原因是企业职工基本养老保险基金当期结余额和累计结余额不断下降。值得关注的是，累计结余率下降的速度远快于当期结余率下降的速度，主要原因是累计结余额降低的规模和速度都高于当期结余额降低的规模和速度。相较于未实施任何外生政策的基础模拟测算，当期结余率和累计结余率有所上升。

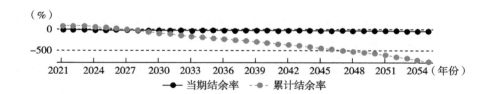

图 7-3 2021~2055 年企业职工基本养老保险基金的

当期结余率和累计结余率（模拟情形一）

综上所述，在未推行延迟退休年龄政策、未实行"全面二孩"政策、未引入外源性融资等前提假设下，仅考虑将企业职工基本养老保险缴费率由

24%降至22%，并同时夯实缴费费基后，在短期（2021~2027年）基金财务可持续性较强，但在中期（2028~2055年）内基金财务可持续性减弱，如表7-2所示。

表7-2　2021~2055年企业职工基本养老保险基金收支状况（模拟情形一）

单位：万亿元

年份	基金收入	基金支出	当期结余	累计结余	年份	基金收入	基金支出	当期结余	累计结余
2021	4.51	4.48	0.03	3.85	2039	17.27	23.15	-5.88	-54.31
2022	4.94	4.51	0.42	4.38	2040	18.32	23.72	-5.40	-61.20
2023	5.20	5.35	-0.15	4.34	2041	19.27	25.09	-5.83	-68.70
2024	5.35	6.36	-1.01	3.41	2042	20.22	26.38	-6.16	-76.73
2025	5.70	6.69	-0.99	2.49	2043	21.06	27.29	-6.23	-85.04
2026	6.05	7.61	-1.56	0.95	2044	21.79	28.48	-6.70	-94.03
2027	6.69	8.46	-1.77	-0.83	2045	22.53	29.48	-6.94	-103.50
2028	7.49	9.45	-1.96	-2.86	2046	23.18	30.86	-7.68	-113.95
2029	8.16	10.45	-2.29	-5.29	2047	23.81	32.08	-8.27	-125.28
2030	8.86	11.58	-2.72	-8.21	2048	24.47	31.70	-7.23	-135.82
2031	9.63	12.68	-3.04	-11.53	2049	25.13	32.61	-7.48	-146.88
2032	10.47	13.68	-3.21	-15.12	2050	25.80	33.41	-7.61	-158.35
2033	11.38	15.19	-3.81	-19.41	2051	26.20	35.81	-9.61	-172.16
2034	12.37	16.59	-4.23	-24.22	2052	26.64	36.75	-10.12	-186.83
2035	13.44	17.93	-4.49	-29.43	2053	27.10	38.21	-11.10	-202.88
2036	14.36	18.77	-4.41	-34.69	2054	27.58	38.62	-11.04	-219.27
2037	15.31	19.96	-4.65	-40.32	2055	28.07	38.99	-10.92	-235.95
2038	16.27	21.90	-5.63	-47.10					

资料来源：作者整理计算得出。

二、模拟情形二：持续推进全国统筹政策

我国自2022年1月开始实施企业职工基本养老保险全国统筹，即全面实

现养老保险全国统收统支。参考曾益等（2021）的研究，征缴率将降至57.08%（73.18%-16.1%），但考虑到已实施了征收体制改革，可能促使养老保险征缴率的提高。同时，2020年11月25日所有省（自治区、直辖市）的基本养老保险缴款均由税务部门统一征收，这一改革也会提高征缴率。曾益等（2020）的研究指出，当实现征收体制改革时，会使征缴率提高13.5%。基于此，在未推行延迟退休年龄政策、未实行"全面二孩"政策、未引入外源性融资等前提假设下，可以将2020年的征缴率设定为70.58%。

参考邓大松等（2020）的研究，设定征缴率由2020年的70.58%不断上升，平均增长至2050年的95%。同时，将企业职工基本养老保险参保率设定为71.01%，其年均增速设定为0.17%，直至达到100%。

在测算期内，2021~2055年基金收入规模和基金支出规模呈现快速扩大趋势，基金收入和基金支出分别从2021年的4.41万亿元、4.38万亿元上升至2055年的31.43万亿元、38.99万亿元，其年均增长速度分别高达5.98%和6.45%，如图7-4所示。

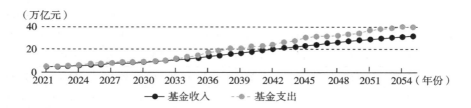

图7-4 2021~2055年企业职工基本养老保险基金的财务运行状况（模拟情形二）

相较于未实施降低养老保险缴费率、未实施延迟退休年龄政策、未坐实缴费基数、未实行"全面二孩"政策且未引入外源性融资等严苛前提条件下，仅实施持续推进全国统筹政策后，企业职工基本养老保险基金收入有所增加。以2055年基金收入为例，在无任何政策实施的影响下，2055年基金收入仅为 27.16 万亿元，而在实施养老保险全国统筹政策后，2055 年的基金收入高达 31.43 万亿元。

从企业职工基本养老保险基金累计结余情况来看，相较于未实施任何外生政策的基础模拟测算，在测算后期，当期基金赤字规模相对较小，如2055 年的累计赤字规模由 241.91 万亿元缩小至 148.85 万亿元（见图 7-5）。

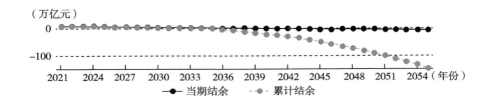

图 7-5　2021~2055 年企业职工基本养老保险基金的
当期结余额和累计结余额（模拟情形二）

从当期结余率和累计结余率来看，基金当期结余率和累计结余率呈现下降趋势，当期结余率和累计结余率分别从 2021 年的 0.58% 和 101.76% 下降至 -24.06% 和 -473.60%（见图 7-6），原因是企业职工基本养老保险基金当期结余额和累计结余额不断下降。值得关注的是，累计结余率的速度远快于当期结余率的速度，主要原因是累计结余额降低的规模和速度都高于当期结余额降低的规模和速度。相较于未实施任何外生政策的基础模拟测算，当期基金结余率和累计基金结余率有所上升。

综上所述，在未实行降低养老保险缴费率、未坐实缴费费基、未实行延迟退休年龄政策、未实行"全面二孩"政策且未引入外源性融资等严苛前提假设下，仅实施养老保险全国统筹政策后，基金在短期（2021~2032 年）内可持续，即实施养老保险全国统筹政策，可以显著提升基金财务的可持续性（见表 7-3）。

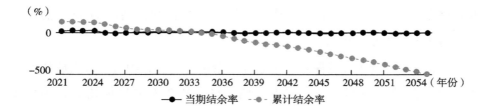

图 7-6 2021~2055 年企业职工基本养老保险基金的

当期结余率和累计结余率（模拟情形二）

表 7-3 2021~2055 年企业职工基本养老保险基金收支状况（模拟情形二）

单位：万亿元

年份	基金收入	基金支出	当期结余	累计结余	年份	基金收入	基金支出	当期结余	累计结余
2021	4.41	4.38	0.03	4.48	2039	16.46	20.15	-3.69	-20.97
2022	4.74	4.51	0.22	4.82	2040	17.65	21.72	-4.07	-25.67
2023	5.10	5.05	0.05	4.99	2041	18.76	22.09	-3.33	-29.73
2024	5.55	5.36	0.19	5.32	2042	19.89	23.38	-3.49	-34.05
2025	5.70	6.69	-0.99	4.44	2043	20.93	25.29	-4.36	-39.37
2026	6.05	7.61	-1.56	2.95	2044	21.88	26.48	-4.60	-45.07
2027	6.99	7.85	-0.86	2.14	2045	22.86	29.48	-6.62	-52.98
2028	7.39	8.05	-0.66	1.52	2046	23.76	30.86	-7.10	-61.58
2029	7.59	8.28	-0.69	0.85	2047	24.65	31.08	-6.43	-69.71
2030	7.95	8.61	-0.66	0.20	2048	25.59	31.70	-6.11	-77.71
2031	8.91	9.02	-0.11	0.10	2049	26.54	32.61	-6.07	-85.88
2032	9.94	9.88	0.06	0.16	2050	27.52	33.41	-5.89	-94.06
2033	10.16	11.19	-1.03	-0.89	2051	28.23	35.81	-7.58	-104.18
2034	11.17	12.59	-1.42	-2.37	2052	28.98	36.75	-7.77	-114.76
2035	12.27	13.93	-1.66	-4.14	2053	29.77	38.21	-8.44	-126.27
2036	13.25	16.77	-3.52	-7.85	2054	30.59	38.62	-8.03	-137.66
2037	14.28	17.96	-3.68	-11.81	2055	31.43	38.99	-7.56	-148.85
2038	15.35	19.90	-4.55	-16.78					

资料来源：作者整理计算得出。

三、模拟情形三：实施渐进式延迟退休政策

在未实行"全面二孩"政策且未引入外源性融资等严苛前提条件下，仅考虑降低缴费费率、坐实缴费费基、实行全国统筹政策的基础上，进一步实施渐进式延迟退休政策。具体而言，将男性的退休年龄开始延长的时间设置为 2042 年且延迟频率设定为 1 岁/2 年、将女干部的退休年龄开始延长的时间设置为 2032 年且延迟频率设定为 1 岁/2 年、将女工人的退休年龄开始延长的时间设置为 2022 年且延迟频率设定为 1 岁/2 年，上述人群在 2051 年统一达到 65 岁，在预测后期 2052～2055 年，将上述群体的退休年龄统一设定为 65 岁。同时，将上述参数引入精算模型中，模拟测算上述政策对企业职工基本养老保险基金财务运行状况的影响。

在测算期内，2021～2055 年基金收入规模和基金支出规模呈现快速扩大趋势，基金收入和基金支出分别从 2021 年的 4.67 万亿元、4.56 万亿元上升至 2055 年的 31.43 万亿元、32.59 万亿元，其年均增长速度分别高达 5.77% 和 5.95%，如图 7-7 所示。相较于仅实行养老保险全国统筹等单一政策，同时实施降低基本养老保险缴费率、坐实缴费费基、实施养老保险全国统筹以及渐进式延迟退休政策，可以显著降低基金收支增长速度的差距。以 2055 年的基金收入为例，在无任何政策实施的影响下，2055 年的基金收入为 27.16 万亿元，而在上述政策共同实施作用下，2055 年的基金收入高达 31.43 万亿元，同时基金收支增长速度的差距缩小了 0.29%，主要原因是实施渐进式延迟退休年龄政策后，参保在职职工人数相对增加。

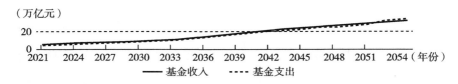

图 7-7　2021～2055 年企业职工基本养老保险基金的财务运行状况（模拟情形三）

　　从企业职工基本养老保险基金的当期结余来看，相较于无任何政策的实施，当期赤字出现的时点由 2026 年延迟至 2053 年，同时，当期基金赤字规模相对较小，如 2055 年当期赤字规模仅为 1.16 万亿元。从企业职工基本养老保险基金累计结余情况来看，实行养老保险全国统筹，企业职工基本养老保险基金可以在全国范围内进行动用，叠加实施延迟退休政策，促使累计基金结余的规模越来越大，至 2055 年高达 34.09 万亿元（见图 7-8）。

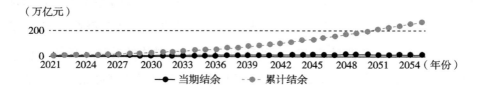

图 7-8　2021~2055 年企业职工基本养老保险基金的
当期结余额和累计结余额（模拟情形三）

　　从当期结余率和累计结余率来看，当期结余率和累计结余率呈现出跌宕起伏的变化趋势。当期结余率从 2021 年的 3.94% 下降至 -3.70%，而累计结余率从 2021 年的 84.31% 上升至 108.46%（见图 7-9），原因是企业职工基本养老保险基金当期结余额在不断下降，而累计结余额缓慢上升。值得关注的是，累计结余率的速度远快于当期结余率的速度，主要原因是累计结余额增加的规模和速度都高于当期结余额增加的规模和速度。相较于未实施任何政策，当期结余率和累计结余率有所上升。以 2050 年的当期结余率和累计结余率来看，2050 年的当期结余率由 -8.44% 增至 -3.70%、累计结余率由 -159.46% 增至 108.46%。

　　综上所述，在未实行"全面二孩"政策、未引入外源性融资等前提假设下，降低企业职工基本养老保险缴费率、坐实缴费费基、实行全国统筹和渐进式延迟退休政策，可以使基金在预测期内可持续，且财务可持续性不断增强（见表 7-4）。

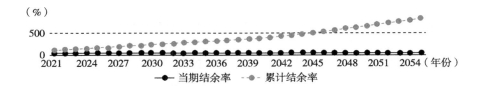

图 7-9　2021~2055 年企业职工基本养老保险基金的当期
结余率和累计结余率（模拟情形三）

表 7-4　2021~2055 年企业职工基本养老保险基金收支状况（模拟情形三）

单位：万亿元

年份	基金收入	基金支出	当期结余	累计结余	年份	基金收入	基金支出	当期结余	累计结余
2021	4.67	4.56	0.11	3.94	2039	16.46	16.09	0.37	14.14
2022	5.09	4.66	0.43	4.48	2040	17.65	17.21	0.44	14.94
2023	5.92	5.03	0.90	5.51	2041	18.76	18.44	0.31	15.64
2024	6.04	5.57	0.47	6.13	2042	19.89	18.92	0.96	17.02
2025	6.44	5.88	0.56	6.85	2043	20.93	19.52	1.41	18.89
2026	6.80	6.21	0.58	7.62	2044	21.88	20.51	1.37	20.76
2027	7.10	6.97	0.13	7.95	2045	22.86	21.01	1.85	23.18
2028	7.68	7.23	0.44	8.60	2046	23.76	22.92	0.84	24.61
2029	8.44	8.10	0.34	9.16	2047	24.65	23.75	0.90	26.16
2030	8.65	8.51	0.14	9.54	2048	25.59	24.05	1.54	28.39
2031	8.91	8.43	0.49	10.28	2049	26.54	25.76	0.78	29.90
2032	9.94	9.79	0.16	10.70	2050	27.52	26.39	1.13	31.80
2033	10.16	10.02	0.14	11.11	2051	28.23	27.03	1.19	33.82
2034	11.17	11.03	0.14	11.52	2052	28.98	28.69	0.29	34.96
2035	12.27	12.02	0.25	12.07	2053	29.77	30.83	-1.06	34.75
2036	13.25	13.08	0.17	12.54	2054	30.59	31.76	-1.18	34.42
2037	14.28	14.07	0.22	13.08	2055	31.43	32.59	-1.16	34.09
2038	15.35	15.33	0.02	13.43					

资料来源：作者整理计算得出。

四、模拟情形四：进一步实施基本养老保险基金入市政策

2015 年我国颁布了《基本养老保险基金投资管理办法》，政府允许部分不高于 30% 的养老保险基金入市，基于该政策的实施，模拟测算其对基金财务可持续性的影响。由于政府对基本养老保险基金投资于各项金融工具的比例规定严于全国社会保障基金，因此不能用全国社会保障基金的投资收益率来预测基本养老保险基金入市后的保值增值率。参考曾益等（2021）的研究，本章设定基本养老保险基金入市后，基金的保值增值率提升至 2.7%，综合模拟降低缴费率、坐实缴费基数、实施养老保险全国统筹和渐进式延迟退休年龄以及基金入市等政策，对企业职工基本养老保险基金财务可持续性的影响效果。

在测算期内，相较于仅实行养老保险全国统筹等单一政策，同时实施降费率、坐实缴费费基、实施养老保险全国统筹、渐进式延迟退休年龄以及基本养老保险基金入市等政策，使养老保险基金收入大幅增加。以 2055 年的基金收入为例，在无任何政策实施的影响下，2055 年的基金收入为 27.16 万亿元，而上述政策共同施力下，2055 年的基金收入为 31.43 万亿元（见表 7-5），主要原因是上述政策的叠加效应显著。

表 7-5　2021~2055 年企业职工基本养老保险

基金收支状况（模拟情形四）　　　　　　单位：万亿元

年份	基金收入	基金支出	当期结余	累计结余	年份	基金收入	基金支出	当期结余	累计结余
2021	4.67	4.56	0.11	3.96	2027	7.10	6.97	0.13	8.04
2022	5.09	4.66	0.43	4.50	2028	7.68	7.23	0.44	8.71
2023	5.92	5.03	0.90	5.55	2029	8.44	8.10	0.34	9.30
2024	6.04	5.57	0.47	6.18	2030	8.65	8.51	0.14	9.70
2025	6.44	5.88	0.56	6.92	2031	8.91	8.43	0.49	10.46
2026	6.80	6.21	0.58	7.70	2032	9.94	9.79	0.16	10.91

续表

年份	基金收入	基金支出	当期结余	累计结余	年份	基金收入	基金支出	当期结余	累计结余
2033	10.16	10.02	0.14	11.34	2045	22.86	21.01	1.85	23.92
2034	11.17	11.03	0.14	11.79	2046	23.76	22.92	0.84	25.42
2035	12.27	12.02	0.25	12.36	2047	24.65	23.75	0.90	27.04
2036	13.25	13.08	0.17	12.87	2048	25.59	24.05	1.54	29.35
2037	14.28	14.07	0.22	13.44	2049	26.54	25.76	0.78	30.94
2038	15.35	15.33	0.02	13.83	2050	27.52	26.39	1.13	32.94
2039	16.46	16.09	0.37	14.58	2051	28.23	27.03	1.19	35.06
2040	17.65	17.21	0.44	15.42	2052	28.98	28.69	0.29	36.30
2041	18.76	18.44	0.31	16.16	2053	29.77	30.83	-1.06	36.19
2042	19.89	18.92	0.96	17.59	2054	30.59	31.76	-1.18	35.96
2043	20.93	19.52	1.41	19.51	2055	31.43	32.59	-1.16	35.74
2044	21.88	20.51	1.37	21.44					

资料来源：作者整理计算得出。

从企业职工基本养老保险基金的当期结余来看，相较于无任何政策实施，当期赤字出现的时点由2026年延迟至2053年，同时，当期基金赤字规模相对较小，如2055年的当期赤字规模仅为1.16万亿元。

从企业职工基本养老保险基金累计结余情况来看，实施全国统筹政策后，基金可以在全国范围内动用，叠加延迟退休政策和养老金入市政策的落地实施，累计基金结余的规模越来越大，至2055年高达35.74万亿元。相较于未实施任何政策下，在预测期内，未出现累计赤字，且累计结余规模相对较大。相较于模拟情形三，2055年的累计结余从34.09万亿元增至35.74万亿元（见图7-10）。

（万亿元）

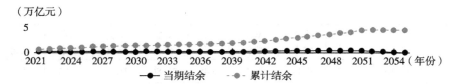

图 7-10　2021~2055 年企业职工基本养老保险基金的
当期结余额和累计结余额（模拟情形四）

从当期结余率和累计结余率来看，企业职工基本养老保险基金当期结余率和累计结余率呈现出跌宕起伏的变化趋势。当期结余率从 2021 年的 3.94% 下降至 -3.70%，而累计结余率从 2021 年的 84.63% 上升至 113.73%（见图 7-11）。原因是企业职工基本养老保险基金当期结余额在不断下降，而累计结余额缓慢上升，以及企业职工基本养老保险基金收入不断增加。值得关注的是，累计结余率的速度远快于当期结余率的速度。相较于未实施任何政策，当期结余率和累计结余率均有所上升。以 2050 年的当期结余率和累计结余率来看，2050 年的当期结余率由 -8.44% 增至 -3.70%、累计结余率由 -159.46% 增至 113.73%。

（%）

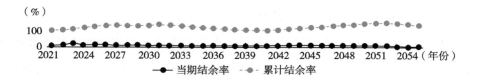

图 7-11　2021~2055 年企业职工基本养老保险基金的
当期结余率和累计结余率（模拟情形四）

综上所述，实施企业职工基本养老保险基金入市，可以进一步改善基金财务运行状况。是在短期或中长期内，相较于模拟情况三，企业职工基本养老保险基金财务可持续性得到了明显提升。即当实施社会保险费征缴体制改革，夯实缴费基数、实施养老保险全国统筹、推行渐进式延迟退休年龄政策和引入养老金入市政策，可以促进企业职工基本养老保险基金财务可持续发展。

第三节　精算模拟的主要结论与分析

由上述分析可知，利用精算模型对影响基金财务可持续性的政策进行模拟并评估。具体而言，实施降低企业职工基本养老保险缴费率，同时坐实缴费费基、实行全国统筹和渐进式延迟退休、推进养老金入市等政策可以显著地提升企业职工基本养老保险基金财务可持续性。根据精算模拟结果，可得如下研究结论：

第一，在精算模型中引入降低缴费率和坐实缴费基数等制度参数，模拟测算实行降低企业职工基本养老保险缴费率，同时坐实缴费基数对企业职工基本养老保险基金财务状况的影响，从长期视角研判，并仿真模拟上述参数调整对企业职工基本养老保险基金财务可持续性的影响。精算研究结果显示：当企业职工基本养老保险缴费率由24%降至22%，同时坐实缴费基数时，在一定程度上，可以改善企业职工基本养老基金的财务可持续性。

第二，在精算模型中引入实施全国统筹政策后，对基金收支进行统一管理，企业职工基本养老保险基金在2033年开始出现累计赤字，也就是说基金在短期内可持续。在一定程度上，也提升了企业职工基本养老保险基金的长期财务可持续性。

第三，在精算模型中进一步模拟实行渐进式退休政策，即通过改变男女退休年龄，测算企业职工基本养老保险基金的财务运行状况。精算模拟结果表明：企业职工基本养老保险基金在2053年开始出现当期赤字，在预测期内未出现累计结余赤字，换言之，基金在预测期内可持续，且可持续性不断增强。

第四，利用精算模型，在上述政策实施的基础上，进一步模拟实行养老金入市政策对基金财务可持续性的影响。精算研究结果表明：无论是在短期或中长期内，基金财务可持续能力均得到显著提升。即当实行降低养老保险缴费率，坐实养老保险缴费基数、实施养老保险全国统筹、推行渐进式延迟退休年龄政策，并引入养老金入市政策，可以显著地促进企业职工基本养老保险基金财务可持续发展。

本章的研究结论为持续推进全国统筹、降低缴费率的同时，并坐实缴费基数、实行渐进式退休政策和大力推进养老金入市等提供了一定的经验证据和政策启示。

第八章　促进企业职工基本养老保险基金财务可持续性的政策建议

　　改革开放以来，随着经济社会市场化、工业化、城镇化、信息化的快速推进，我国各项社会保障工作在制度层面得到了不断的完善和发展，养老保障服务和养老待遇水平都得到了较大提升。在经济迈入高质量发展、人口老龄化进程加快的现实背景下，充分发挥基本养老保险制度"兜底"功能、提升养老服务供给规模和质量的现实要求下，更需要提升企业职工基本养老保险基金财务可持续发展能力，亟须提出促进企业职工基本养老保险基金财务可持续发展的政策建议。

第一节　促进企业职工基本养老保险基金财务可持续性的基本思路

　　基于理论研究与实证研究的结论，可从促进企业职工基本养老保险基金财务可持续性的基本思路入手，提出促进基金财务可持续性的改革措施。主要包括强化社会保险征收的法律依据、完善基本养老保险全国统筹和明确养老保险中不同责任主体的责任范围。

一、强化社会保险征收的法律依据

法律依据作为制度顶层设计的重要基石，其对制度的实施发挥着无可替代的作用。2010 年颁布的社会保险法，为我国养老保险制度的实施提供了法律依据。当前我国的社会保险费征缴暂行条例系 1999 年颁布，虽然距今已 24 多年，也已修订完善。自 2023 年 12 月 1 日起实施《社会保险经办条例》，为提高社保经办管理精细化程度和服务水平、提升社会保障治理效能、更好地顺应人民对高品质生活的期待，对于社保经办事业高质量发展将起到固根本、稳预期、利长远的重要作用。

值得关注的是：2010 年颁布的社会保险法既不是实体法也不是程序法，且存在一定的授权性条款，即存在一些"可以"的表述，可能导致实施过程中存在一定程度的伸缩空间。尤其是在税务部门负责征收社会保障缴款后，可能面临一定程度的难题。事实上，企业职工基本养老保险基金财务可持续性问题，并非单一的养老保险问题或者单一老年群体养老待遇的问题，其涉及社会保障制度运行的全局，更涉及社会保险征收的法律依据的明确。

基于此，亟须强化社会保险征收的法律依据，明确对相关授权性条例的解释，强化法制化、规范化和合理化，从而有利于社保资金的统一、科学的运营管理，提升社保基金的使用效率、增强社保基金的财务可持续性。

二、完善基本养老保险全国统筹

"十四五"规划提出，要实现基本养老保险全国统筹；2020 年 2 月颁布了全国统筹改革方案，2022 年 1 月，我国正式启动实施企业职工基本养老保险全国统筹。实行养老保险全国统筹有利于在巩固中央调剂金制度实施的成果上，进一步扩大养老保险基金的调配使用范围和规模、确保企业职工基本养老保险基金在全国范围内互济余缺，增强养老保险基金的发展潜力，从而增强基金财务的可持续发展能力。具体而言：

一是确保养老保险政策在全国范围内完全统一实施，尤其是确保全国各省市、各地区的缴费基数的统一、确保全国各地区养老保险企业缴费比例一致、确保全国各地区待遇发放标准体系的统一、确保全国各地区基本养老保险管理监督的统一、业务经办管理流程统一等。

二是扩大养老保险覆盖范围。尤其是将经济新业态下的灵活就业人员纳入基本养老保险参保范围，应对其加强宣传，引导其积极参加养老保险、提高缴费意识和缴费遵从度。同时，应逐步统一全国各地区养老待遇和津贴补助、减少各地区之间的差异性，在全国统筹的基础上，统一规划管理部署。

三、明确养老保险中不同责任主体的责任范围

在促进企业职工基本养老保险基金财务可持续性的进程中，政府、企业和家庭个人等不同责任主体都必须各司其职，从而既保证每个社会成员都尽可能受到公正对待，以维护社会稳定和社会和谐，同时，又促进各相关责任主体更加积极地对待自身应尽的职责。具体而言，政府、企业和家庭个人在促进基金财务可持续中应明确自身的责任范围、各司其职，确保企业职工基本养老保险基金财务的可持续发展。

于政府而言，政府应在促进基金财务可持续性的落实过程中承担着"兜底线"的作用。而对于较高层次的养老服务需求，即对于超出政府提供的养老服务项目，可以通过养老服务机构形成更加多元化的供给主体，通过分离一些养老责任给市场、民间组织，有助于构建多方协作互利共赢的养老服务新格局，从而既减轻财政负担，又满足不同人群的服务需求。

于企业而言，企业为职工缴纳养老保险基金是法律规定的法定义务，是统筹账户重要的资金来源，也是退休人员可以及时、充足领取养老金的前提，更是满足退休老龄群体基本养老需求的物质基础。因此，企业应依法及时地为全体职工缴纳养老保险基金，同时不应为少缴纳养老保险基金，而故意改

变缴费基数。

于家庭个人而言，无论政府给予多大的养老福利政策倾斜，都无法取代其在家庭养老中所获得的幸福感和归属感。在中国传统文化中，也大多把这种家庭养老责任归入应当的义务范畴。而在人口快速老龄化的我国，家庭养老责任的履行，不仅是减轻社会养老负担的重要体现，将适度的养老责任"回归家庭"，给予家庭养老一定的补贴力度，鼓励社会成员主动选择，还是对公共财政资金的一种松绑。

第二节　优化制度参数，完善养老保险制度设计的具体建议

基于上述的研究结论，可从优化制度参数、完善制度设计的角度入手，提出促进基金财务可持续性的改革措施。主要包括完善多层次、多支柱养老保险体系、实施渐进式延迟法定退休年龄政策、健全基本养老保险待遇调整机制。

一、完善多层次、多支柱养老保险体系

党的二十大报告对健全社会保障体系提出了新的要求，要健全覆盖全民、统筹城乡、公平统一、安全规范、可持续的多层次社会保障体系。其具体含义就包括完善多层次、多支柱养老保险体系。作为应对人口老龄化的主要资金来源及财富储备，发展多支柱养老保险体系是必然选择也是重要选择。

当前，我国已初步构建起以基本养老保险为基础、以企业（职业）年金为补充、与个人储蓄性养老保险和商业养老保险相衔接的"三支柱"养老保险体系。其中，第一支柱即基本养老保险制度，由国家、单位和个人共同负

担,坚持全覆盖、保基本;第二支柱即企业(职业)年金制度,由单位和个人共同负担,实行完全积累,市场化运营;第三支柱即个人储蓄性养老保险和商业养老保险。近年来,我国陆续建立了广覆盖的第一支柱、补充性的第二支柱,在第三支柱建设方面也已出台相关举措。对于完善多层次、多支柱养老保险体系基本思路如下:

一是基本养老保险制度须定位于"改革、完善",瞄准实现"覆盖全民、统筹城乡、公平统一、可持续"的基本目标。

二是提高企业年金覆盖率,并推动职业年金市场化投资运营平稳规范。具体而言,如发展企业年金计划,扩大其覆盖面,并健全地方补充养老保险、团体养老保险、集体养老金等其他可行的养老保险形式。

三是规范发展第三支柱养老保险,推动出台个人养老金制度。如尽快开发创新保险、储蓄、理财、基金、信托、专户等金融工具的养老功能及产品,为有意愿、有财力的职工或居民提供更高水平的养老保障。即建立和发展适合我国国情、政策支持、个人自愿、市场化运营的个人养老金制度,实现对基本养老保险的有效补充。

总体而言,通过多层次、多支柱养老保险体系的协同发展、有序运营,促进企业职工基本养老保险基金财务可持续发展、提高我国老年人生活品质和生命质量、实现"美好生活"愿景目标。

二、实施渐进式延迟法定退休年龄政策

我国"十四五"规划和2035年远景目标纲要明确提出,综合考虑人均预期寿命提高、人口老龄化趋势加快、受教育年限增加、劳动力结构变化等因素,按照小步调整、弹性实施、分类推进、统筹兼顾等原则,逐步延迟法定退休年龄,促进人力资源充分利用。习近平总书记指出,推动延迟法定退休年龄改革任务平稳落地。党的二十大报告提出,实施渐进式延迟法定退休年龄。这有利于应对人口老龄化趋势、匹配人均预期寿命增长、适应劳动力结构变化等问题，对我国经济的长期均衡发展具有重大意义。

因此，应考虑实施渐进式延迟法定退休年龄政策。一方面可以改变在职职工人数和退休老龄群体的数量分布，即可以使企业在职职工规模扩大，劳动人口增加，从而使基金收入规模扩大；另一方面使退休老龄群体的规模减少，尤其在人口老龄化加剧的现实背景下，可以在一定程度上缓解大规模的养老保险基金支出压力，同时也可以缓解公共财政补贴养老保险基金的财政负担，从而可以更好地促进企业职工基本养老保险基金财务可持续发展。

基于此，可考虑实施渐进式延迟法定退休年龄，即针对男性、女性可分别设置不同的领取养老金待遇年龄。同时，也可考虑实施弹性退休制度，如针对不同行业实施弹性退休制度。具体而言，对于知识密集型行业，鼓励拥有较高科技创造能力和技术能力的群体，自主选择延长退休工作的时间。

三、健全基本养老保险待遇调整机制

基础养老金是保障企业职工退休后基本生活的重要来源，是退休人员的"养命钱"，是满足退休老龄群体养老服务需求的物质基础。党的二十大报告提出，健全基本养老保险待遇调整机制。这充分体现了党中央、国务院对广大退休人员的关心和照顾，是充分切实保障退休人员的基本生活，既有利于应对人口老龄化趋势，也有利于居民共享改革发展的成果。

当前经济社会快速发展，为了突出基础养老金的保基本、兜底线的功能，确保满足老龄群体的养老服务需求，应建立健全基本养老保险待遇调整机制，推动待遇水平随经济发展逐步提高，建立科学合理的退休人员基本养老金和城乡居民基础养老金正常调整机制。但基本养老金调整不是任意进行调整，其调整应与经济发展水平、物价变动幅度、工资增长水平等相适应，同时，也要满足退休老龄群体最基本的生活需要。其中，确保待遇发放是必须坚守的底线。

总体而言，健全基本养老保险待遇调整机制，应随着经济社会人口因素和养老金制度的可持续性等条件的变化而进行适时调整，更应避免调整政策的随意性和不稳定性。

第三节 增强企业职工基本养老保险基金财务可持续性的配套改革

基于上述的研究结论，可从增强企业职工基本养老保险基金财务可持续的配套改革等角度入手，来提出促进基金财务可持续性的改革措施。主要包括提升社会保障基金运营管理能力、加快社保信息系统的规范化建设和以数字经济为依托，提升信息治税能力。

一、提升社会保障基金运营管理能力

党的二十大报告既充分肯定了我国社会保障事业发展取得的历史性成就，也对健全社会保障体系作出重要部署，要求健全覆盖全民、统筹城乡、公平统一、安全规范、可持续的多层次社会保障体系。其中，"安全规范"和"可持续"则是对社会保障体系的更高要求，其指向提升社会保障基金安全可靠、规范运行的运营管理水平，为人民群众提供稳定预期和充分保障。

作为养老保障的"压舱石"，我国社会保障基金已初具规模，并启动了地方基本养老保险结余基金的投资运营。但考虑到应对人口老龄化，提升养老保险基金财务可持续能力，应持续提升社会保障基金运营管理能力，促进基金保值增值可持续性发展，推动社会保险事业健康运行和可持续发展。具体而言：

一是在进行社会保障资金投资途径的选择时，应合理搭配社会保障资金的投资组合，在控制资金投资风险的同时实现资金保值增值。

二是健全基本养老保险基金投资体制，壮大社保储备基金规模。为提升社保制度的财务可持续性，通过加大基本养老保险基金的投资，以及市场化投资运营增强制度的收入能力，并将其纳入制度运行的自动调整机制之中。

三是将社保基金的投资管理与基本养老保险制度的改革相结合，有助于在长期内改善制度的财务可持续性，提高养老金待遇的支付能力。

二、加快社保信息系统的规范化建设

作为全国统筹的重要支撑，社保信息系统的规范化建设和实施可以打通各单位、各部门、各单元间的信息沟通不畅和信息共享不及时等问题。值得关注的是，虽然当前各地区已建立社保信息系统，但不同地区的社保信息系统在数据运行、系统规范、评价监管和服务规范方面有所差异。

因此，应逐步规范全国各地区的社保信息系统的建设、明确统一数据运行、系统规范、评价监管和服务规范。同时，加快社保信息系统的规范化、流程化和合理化建设，形成全国统一的社保信息系统。

三、以数字经济为依托，提升信息治税能力

在当前涉税信息管理薄弱的约束下，亟须全面提升信息治税的能力，以数字经济为依托，加快对社会保障缴款的征税。目前，改革税收信息治理的格局，推动形成集中、多元管理的格局，对企业和自然人的收入、支出信息进行综合管理。尤其是区块链技术的出现，在数据信息共享、信任创建评价等方面提供了解决方案，同时也为构建现代化纳税服务和税收征管体系奠定了技术基础。

因此，应基于区块链"可溯源"和"不可篡改"的特征，借助纳税人节点网络关系图谱，为识别纳税人收入和支出等提供证据链条，并提高获取证据链条的快速性、全面性、准确性，从而提升税务执法证据的权威性，增强税收信息治理对社会保障缴款的贡献度，促进社保基金的可持续发展。

第九章　研究结论与展望

立足于优化养老保险制度的目标，对企业职工基本养老保险基金财务可持续性问题展开深入研究，重点从影响基本养老保险基金财务可持续性的基础性因素入手，明晰统筹层次、缴费率以及人口年龄结构对基金财务可持续性的影响，以此得到促进企业职工基本养老保险基金财务可持续性的针对性政策建议。在此基础上，对本书主要研究结论进行梳理，并对未来研究做出展望。主要研究结论如下：

第一，基于企业职工基本养老保险基金财务可持续性指数测算的研究结论。由此可知，基金财务可持续指数呈现小幅波动且集中分布在 0.11 ~ 0.27。尤其在 2000 ~ 2012 年，基金财务可持续指数由 2000 年的 0.14 缓慢上升至 2012 年的 0.27，虽然基金财务可持续指数有所上涨，但由于指数值相对较小，基金财务可持续能力相对薄弱。而在 2013 ~ 2020 年，基金财务可持续指数呈现小幅下降趋势，由 2013 年的 0.26 下降至 2020 年的 0.15，在 2020 年基金财务可持续指数再次低于 0.2，基金财务可持续指数总体上相对较小。

第二，统筹层次对企业职工基本养老保险基金财务可持续性影响的研究结论。在以各省份渐进式统筹层次改革政策为外生冲击，利用渐进双重差分的因果识别方法构建计量模型进行实证检验可知，提高统筹层次，能够显著地提升企业职工基本养老保险基金财务可持续性。在进行反事实检验和稳健性检验后，统筹层次对企业职工基本养老保险基金财务可持续性仍具有"促进"效应。同时，从精算模型视角分析，将中央调剂金制度引入精算模型中，通过改变制度参数，模拟测算中央调剂金制度对各省（市）基金财务可持续性的影响，精算研究结果表明：基金财务可持续状况得到较大的改善。

第三，缴费率对企业职工基本养老保险基金财务可持续性影响的研究结论。在利用双向固定效应方法，构建计量模型并进行实证检验，可知政策缴费比例与基金财务可持续指数呈正相关关系，政策缴费比例的平方与基金财务可持续指数间呈负相关关系，即养老保险政策缴费率与企业职工基本养老保险基金财务可持续之间呈倒 U 形关系，换言之，缴费率与企业职工基本养老保险基金财务可持续间存在非线性关系。从精算模型视角分析，将政策缴费率的变动考虑在精算模型中，可知在降费率的同时，提高缴费遵从度，可使基金支付压力得到一定程度上的缓解、基金财务可持续性得以提高，基金财务可持续的运行能力有所提升。

第四，人口老龄化对企业职工基本养老保险基金财务可持续性影响的研究结论。分别利用中介效应模型和门槛效应模型进行计量分析可知，人口老龄化程度的加深会降低企业职工基本养老保险基金财务可持续性。伴随着城镇化进程不断加快，劳动供给水平有所提高时，人口老龄化对企业职工基本养老保险基金财务可持续性的抑制效应将会有所减弱。同时，当产业结构水平较低时，企业职工基本养老保险基金可能面临财务可持续的压力。从精算模型视角分析，将生育政策、延迟退休等制度参数引入精算模型中，可知实行"全面二孩"政策和"延迟退休"政策，可以提升基金财务的可持续运行能力。

第五，基于优化企业职工基本养老保险基金财务可持续性的政策模拟的研究结论。由此可知，无论是在短期或中长期内，基金财务可持续能力均得到显著提升。即当实施降低养老保险缴费费率，坐实养老保险缴费费基、实施养老保险全国统筹、推行渐进式延迟退休年龄，并引入养老金入市等政策，可以显著地促进企业职工基本养老保险基金财务可持续发展。

本书聚焦于企业职工基本养老保险基金财务可持续性这一重大理论与实践问题，已分别从静态视角和动态视角出发进行了较为全面分析。囿于研究水平的限制，本书的研究在以下方面仍有待拓展。具体体现在：第一，在研究影响企业职工基本养老保险基金财务可持续性的因素中，除统筹层次、缴费基数、缴费率和人口年龄结构等因素外，仍存在诸如基金财务管理模式等制度性影响因素以及国有资产积累、国有企业利润计算与上缴比例等其他影响因素，未来可将上述因素统一考虑在内进行研究。第二，在利用精算模型展开研究时，除本书所设定的模型参数外，影响精算模型的因素较多，且精算参数的设定和校准需要结合经济发展不断进行调整和优化，尤其是应结合完善生育支持政策的实施，进一步完善精算模型的设定。第三，在实证研究中，囿于现有数据获取的局限性，本书利用 2000～2020 年省级面板数据进行分析。值得关注的是地市级数据的样本量更大，未来若在数据获取可行的条件下，可进一步利用地市级数据来深化实证研究。

参考文献

[1] 边恕，张铭志．职工养老保险制度中央调剂最优比例研究——基于省际基金结余均衡的政策目标 [J]．中国人口科学，2019（6）：32-45.

[2] 崔开昌，丁金宏．划转国有资本充实社会保障基金问题探究 [J]．中国特色社会主义研究，2016（5）：25-31.

[3] 陈曦．养老保险降费率、基金收入与长期收支平衡 [J]．中国人口科学，2017（3）：55-69.

[4] 陈艳莹，王二龙．要素市场扭曲、双重抑制与中国生产性服务业全要素生产率：基于中介效应模型的实证研究 [J]．南开经济研究，2013（5）：71-82.

[5] 陈元刚，李雪，李万斌．基本养老保险实现全国统筹的理论支撑与实践操作 [J]．重庆社会科学，2012（7）：19-25.

[6] 邓大松，张怡．国资划转对企业职工基本养老保险降费空间影响的研究 [J]．保险研究，2020（3）：89-104.

[7] 董克用，郑垚．国有资本划转与城镇职工基本养老保险降费 [J]．宏观经济研究，2020（1）：141-151.

[8] 冯经纶，郑春荣．我国基本养老保险系统可持续问题研究 [J]．财政科学，2019（4）：82-88.

[9] 傅志华，赵福昌，李成威，等．社会保险理念不清、财务可持续恶化并加剧区域不平衡——基于浙江、广东两省基本养老保险的调研报告 [J]．经济研究参考，2017（2）：63-68．

[10] 黄英君，王源，李春燕．社会保险基金投资绩效评价、国际借鉴与路径优化——基于重庆市营运管理实践的考察 [J]．西南金融，2019（5）：89-96．

[11] 房连泉．建立可持续的基本养老保险待遇指数化调整机制研究——来自国际案例的经验启示 [J]．人口学刊，2018（5）：66-77．

[12] 房连泉，魏茂淼．基本养老保险中央调剂制度未来十年的再分配效果分析 [J]．财政研究，2019（8）：86-98．

[13] 范维强，刘俊霞，杨华磊．中央调剂金制度的效果评估与制度优化研究 [J]．上海经济研究，2020（5）：96-109．

[14] 郭秀云，邵明波．养老保险基金中央调剂制度的省际再分配效应研究 [J]．江西财经大学学报，2019（3）：73-84．

[15] 郭瑜，张寅凯．城镇职工基本养老保险基金收支平衡与财政负担分析——基于社保"双降"与征费体制的改革 [J]．社会保障研究，2019（5）：17-29．

[16] 洪源．基于风险因子和 AHP 的财政风险非参数预警系统构建与实证分析 [J]．广东财经大学学报，2011，26（6）：12-23．

[17] 黄远飞．职工基本养老保险制度可持续性研究：一个新的评估框架 [J]．中国公共政策评论，2021（20）：138-154．

[18] 贾洪波，温源．基本养老金替代率的优化分析 [J]．中国人口科学，2005（1）：81-87．

[19] 金银凤，史梦昱．中央调剂金制度对地区养老保障发展状况影响研究 [J]．财经论丛，2019（12）：35-43．

[20] 景鹏，胡秋明．生育政策调整，退休年龄延迟与城镇职工基本养

老保险最优缴费率［J］. 财经研究，2016，42（4）：26-37.

［21］景鹏，胡秋明. 企业职工基本养老保险统筹账户缴费率潜在下调空间研究［J］. 中国人口科学，2017（1）：23-25.

［22］景鹏，王媛媛，胡秋明. 国有资本划转养老保险基金能否破解降费率"不可能三角"［J］. 财政研究，2020（2）：80-95，128.

［23］康传坤，楚天舒. 人口老龄化与最优养老金缴费率［J］. 世界经济，2014（4）：22.

［24］卢元. 关于养老保险可持续发展的若干思考［J］. 市场与人口分析，1998（6）：39-41.

［25］林毓铭. 社会保障可持续发展论纲［M］. 北京：华龄出版社，2005.

［26］林毓铭，夏林林. 社会保障可持续发展的理论要义与复杂性视阈［J］. 社会保障研究，2011（1）：12.

［27］林毓铭. 中国社会保障制度可持续发展的分析与评估［D］. 武汉：武汉大学，2004.

［28］刘学良. 中国养老保险的收支缺口和可持续性研究［J］. 中国工业经济，2014：25-37.

［29］骆正清，江道正，陈正光. 生育政策调整对我国城镇企业职工基本养老保险代际平衡的影响［J］. 广西财经学院学报，2015，28（3）：94-99.

［30］林义，林熙. 人口老龄化与养老保险制度可持续发展需要重视的问题［J］. 老龄科学研究，2015，3（3）：61-69.

［31］柳清瑞，王虎邦，苗红军. 城镇企业基本养老保险缴费率优化路径分析［J］. 辽宁大学学报（哲学社会科学版），2013，41（6）：9.

［32］刘振杰. 养老保险统筹层次维系社会公平［J］. 人力资源，2007，000（007）：60-62.

［33］黎民，王翠琴．当前我国基本养老保险制度的有效性评价——基于层次分析法的一项研究［J］．贵州社会科学，2008（7）：64-70.

［34］刘昌平，毛婷，常懿心．基于代际公平的城镇职工基本养老保险最优缴费率研究［J］．社会保障研究，2021（1）：43-53.

［35］刘威，刘昌平．老龄化、人口流动与养老保险基金可持续性［J］．江西财经大学学报，2018（3）：66-76.

［36］路锦非．合理降低我国城镇职工基本养老保险缴费率的研究——基于制度赡养率的测算［J］．公共管理学报，2016（1）：13.

［37］林宝．提高退休年龄对中国养老金隐性债务的影响［J］．中国人口科学，2003（6）：48-52.

［38］刘树枫，高硕．降费背景下我国城镇职工基本养老保险可持续性测度及政策选择［J］．西安财经大学学报，2021，34（6）：50-61.

［39］龙朝阳，郭学亮，易菲．缴费率下调后延迟退休对基本养老保险基金平衡的影响［J］．上海保险，2020（7）：52-53.

［40］李培，丁少群．国有资本划转社保基金：多元视角、互动机理与利益协调机制构建［J］．改革，2019（5）：148-159.

［41］刘永泽，吴作章，陈艳丽．减持国有资本充实社保基金研究——某省社保基金收支预测［J］．财政研究，2009（12）：54-58.

［42］李扬．中国国家资产负债表2013——理论、方法与风险评估［M］．北京：中国社会科学出版社，2013.

［43］李虹，邹庆．环境规制，资源禀赋与城市产业转型研究——基于资源型城市与非资源型城市的对比分析［J］．经济研究，2018，53（11）：182-198.

［44］李小林，张源，赵永亚．人口老龄化，城镇化与城镇职工养老保险支付能力［J］．金融评论，2020，12（1）：94-126.

［45］马尔萨斯，朱泱．人口原理［M］．北京：商务印书馆，1992.

[46] 闵晓莹，张庆君．企业职工养老保险可持续发展评价——以辽宁为例 [J]．地方财政研究，2012（6）：69-70.

[47] 马盼，凌文豪．城镇职工基本养老保险基金可持续发展的困境与选择 [J]．齐齐哈尔大学学报：哲学社会科学版，2021（6）：78-88.

[48] 毛婷．中央调剂制度的综合效应分析 [J]．经济体制改革，2020（4）：33-41.

[49] 孟向京，姜凯迪．城镇化和乡城转移对未来中国城乡人口年龄结构的影响 [J]．人口研究，2018（2）：39-53.

[50] 庞凤喜．论"公共财政"与纳税人权利 [J]．财贸经济，1999（10）：22-26.

[51] 庞凤喜，贺鹏皓，张念明．基础养老金全国统筹问题研究 [M]．北京：经济科学出版社，2018.

[52] 庞凤喜，潘孝珍．社会保障权实施成本研究 [M]．北京：光明日报出版社，2012.

[53] 庞凤喜．"社保入税"及社会保障缴款征管相关问题分析 [J]．税收征纳，2022（3）：11-14.

[54] 庞凤喜，王绿荫．消费税改革的目标定位及制度优化分析 [J]．税务研究，2020（1）：44-49.

[55] 庞凤喜，王绿荫，王希瑞，申珍妮．上海市积极老龄化的实践与启示 [J]．经济与管理评论，2022，38（4）：63-73.

[56] 彭碧荣．中国城镇企业职工基本养老保险制度的可持续性研究 [D]．深圳：深圳大学，2015.

[57] 彭浩然，王琳琳．中央调剂金比例对养老保险基金地区差距的影响 [J]．保险研究，2019（7）：106-115.

[58] 彭浩然，陈斌开．鱼和熊掌能否兼得：养老金危机的代际冲突研究 [J]．世界经济，2012（2）：14.

［59］彭浩然，邱桓沛，朱传奇，等．养老保险缴费率、公共教育投资与养老金替代率［J］．世界经济，2018（7）：21.

［60］孙博，董克用，唐远志．生育政策调整对基本养老金缺口的影响研究［J］．人口与经济，2011（2）：101-107.

［61］石晨曦，曾益．破解养老金支付困境：中央调剂制度的效应分析［J］．财贸经济，2019，40（2）：52-65.

［62］孙雅娜，安曼．中国养老保险最优缴费率研究——基于行业收入差异的分析［J］．社会科学辑刊，2010（2）：112-115.

［63］孙永勇，李娓涵．从费率看城镇职工基本养老保险制度改革［J］．中国人口科学，2014（5）：67-78，127.

［64］唐大鹏，张琪．我国社保基金财务偿付能力评价指标构建及风险测度［J］．财政研究，2019（1）：74-102.

［65］王锋，葛星．低碳转型冲击就业吗——来自低碳城市试点的经验证据［J］．中国工业经济，2022（5）：81-99.

［66］王晓军，任文东．中国人口老龄化与社会养老保险的财务可持续发展［A］．2012中国保险与风险管理国际年会论文集，2012.

［67］王晓军．公共养老金体系偿付能力评估方法评析［J］．保险研究，2012（10）：95-102.

［68］王晓军，任文东．我国养老保险的财务可持续性研究［J］．保险研究，2013（4）：118-127.

［69］王翠琴，田勇，薛惠元．城镇职工基本养老保险基金收支平衡测算：2016～2060——基于生育政策调整和延迟退休的双重考察［J］．经济体制改革，2017（4）：8.

［70］王翠琴，岳晓，薛惠元．城镇职工基本养老保险基金可持续性仿真测算［J］．财经纵横，2021（12）：131-135.

［71］王金营，戈艳霞．全面二孩政策实施下的中国人口发展态势［J］．

人口研究, 2016 (6): 3-21.

[72] 魏升民, 向景, 马光荣. 基本养老保险中央调剂金的测算及其潜在影响 [J]. 税收经济研究, 2018, 23 (6): 1-5.

[73] 王国洪, 张君, 杨翠迎. 降低养老保险费率会导致养老金收不抵支吗? ——基于 2001-2015 年中国 31 个省级面板数据的分析 [J]. 商业研究, 2020 (3): 138-144.

[74] 王延中, 胡继晔. 划拨国有股充实社保基金的几个问题 [J]. 经济学动态, 2004 (7): 56-60.

[75] 王欢, 杜筱. 生育政策调整, 退休年龄延迟与基本养老保险基金的可持续性发展 [J]. 人口与社会, 2021, 37 (2): 1-14.

[76] 王敏. 社保降费背景下实现养老保险制度可持续发展的路径选择 [J]. 中国财政, 2020 (20): 59-61.

[77] 王绿荫. 消费税税负分配与经济税源的适应性研究 [J]. 地方财政研究, 2022 (7): 86-95.

[78] 肖彩波, 刘红卫. 社保 "双降" 政策下城镇职工基本养老保险基金收支平衡预测研究 [J]. 西藏科技, 2020 (7): 32-38.

[79] 薛惠元, 张寅凯. 基于基金收支平衡的城镇职工基本养老金调剂比例测算 [J]. 保险研究, 2018 (10): 114-127.

[80] 薛惠元, 曾飘. 降低社保费率须同步夯实缴费基数 [J]. 中国社会保障, 2019 (2): 36-38.

[81] 薛惠元, 储怡安. 养老金中央调剂运行机制及最优调剂比例测算——基于二次调剂算法 [J]. 统计与信息论坛, 2020, 35 (10): 100-110.

[82] 肖严华, 张晓娣, 余海燕. 降低社会保险费率与社保基金收入的关系研究 [J]. 上海经济研究, 2017 (12): 57-65.

[83] 肖严华. 企业职工基本养老保险基金中央调剂制度的政策效应 [J]. 上海经济研究, 2019 (9): 80-90.

［84］许春淑．基于 AHP 的城镇基本养老保险支出绩效评价——以天津为例的实证研究［J］．税务与经济，2012（6）：41-47．

［85］杨洋．养老保险制度的财务可持续研究——以上海城镇养老保险为例［D］．上海：上海社会科学院，2009．

［86］于洪彦，姜广明．论大数法则［J］．吉林财贸学院学报，1991，000（01）：49-55．

［87］于洪，钟和卿．中国基本养老保险制度可持续运行能力分析——来自三种模拟条件的测算［J］．财经研究，2009（9）：26-35．

［88］于洪，曾益．退休年龄、生育政策与中国基本养老保险基金的可持续性［J］．财经研究，2015（6）：46-69．

［89］于文广，李倩，王琦，等．基于年龄与工资水平差异的延迟退休对我国养老保险基金收支平衡的影响［J］．中国软科学，2018（2）：54-67，102．

［90］余立人．延长退休年龄能提高社会养老保险基金的支付能力吗？［J］．南方经济，2012（6）：74-84．

［91］杨再贵，廖朴．中国企业职工基本养老保险精算报告［M］．北京：中国劳动社会保障出版社，2019．

［92］杨再贵，陈肖华．参保人数的估计与"全面二孩"的影响［J］．西北人口，2020，41（5）：1-14．

［93］杨再贵，陈肖华．降费综合方案下企业职工基本养老保险财政风险预警［J］．保险研究，2021（1）：91-106．

［94］杨再贵，陈肖华．降费综合方案与机关事业单位养老保险财政支付压力预警［J］．经济社会体制比较，2020（5）：68-78．

［95］杨翠迎，汪润泉，沈亦骏．政策费率与征缴水平：中国城镇职工社会保险缴费背离性分析［J］．公共行政评论，2018，11（3）：162-177，213．

［96］杨俊，龚六堂．国有资本收入对养老保险的划拨率研究［J］．金融研究，2008（11）：46-55．

［97］姚金海．人口老龄化，养老金收支缺口与财政风险的传导与化解——以 A 市为例的一项实证研究［J］．管理评论，2016，28（4）：62-72，122．

［98］殷俊，黄蓉．人口老龄化、退休年龄与基础养老金长期偿付能力研究［J］．理论与改革，2012（4）：73-76．

［99］周志凯．试论养老保险制度的可持续发展［J］．理论月刊，2005（6）：5．

［100］张松彪．养老保险基金中央调剂的省际再分配效应［J］．企业经济，2019（7）：145-153．

［101］张思锋，王立剑，张文学．人口年龄结构变动对基本养老保险基金缺口的影响研究——以陕西省为例［J］．预测，2010（2）：37-47．

［102］张勇，陈耕云．中国基础养老金的支付能力研究［J］．财经论丛，2008（4）：63-69．

［103］张勇．基本养老保险基金的调剂效果研究［J］．统计研究，2019（6）：81-93．

［104］张锐，刘俊霞．职工基本养老保险缴费率下调空间研究——基于省级面板数据［J］．经济经纬，2018，35（1）：138-145．

［105］曾益，任超然，刘倩．破解养老金支付危机："单独二孩"政策有效吗？——以城镇职工基本养老保险为例［J］．财经研究，2015（1）：21-34．

［106］曾益，张心洁，刘凌晨．从"单独二孩"走向"全面二孩"：中国养老金支付危机能破解吗［J］．财贸经济，2016，37（7）：135-146．

［107］曾益，刘凌晨，高健．我国城镇职工基本养老保险缴费率的下调空间及其财政效应研究［J］．财经研究，2018（12）：70-84．

[108] 曾益，魏晨雪，李晓琳，等．征收体制改革，延迟退休年龄与养老保险基金可持续性——基于"降费"背景的实证研究 [J]．公共管理学报，2019，16（4）：108-118，174.

[109] 曾益，李晓琳．降低养老保险缴费率与基金可持续：鱼和熊掌能兼得吗 [J]．上海财经大学学报（哲学社会科学版），2019（4）：12.

[110] 曾益，张冉，李姝．渐进式延迟退休年龄："小步前行"抑或"大步迈进"？——基于养老保险基金可持续性与财政责任的视角 [J]．财政研究，2021（4）：102-115.

[111] 曾益，杨悦．从中央调剂走向统收统支——全国统筹能降低养老保险财政负担吗？[J]．财经研究，2021（12）：34-48.

[112] 曾益，李晓琳，杨思琦．征收体制改革、养老保险缴费率下调空间与企业缴费负担 [J]．经济科学，2020（2）：74-86.

[113] 曾益，姚金．降低养老保险缴费率："一举两得"抑或"得不偿失"？——基于缴费遵从度与基金可持续的视角 [J]．南方经济，2022（1）：19-33.

[114] 曾益，姚金，毛恩荣．提高基本养老保险参保率对财政责任的影响：从制度全覆盖走向法定人群全覆盖 [J]．财政研究，2022（2）：61-76.

[115] 曾茜，朱平华．国际比较视野下的养老保险基金投资运营模式分析与中国路径探讨 [J]．改革与开放，2018（9）：59-63.

[116] 张心洁，曾益，石晨曦，等．可持续视角下城镇职工基本养老保险的财政兜底责任评估——对"全面二孩"和延迟退休政策效应的再考察 [J]．财政研究，2018（12）：97-113.

[117] 张军，成川南，陈元刚．养老保险基金收支平衡能否持续？——来自城镇职工基本养老保险的证据 [J]．重庆工商大学学报（社会科学版），2021，38（3）：12.

[118] 詹鹏宇，邓沛琦．降费约束下城镇企业职工养老保险基金长期收

支平衡研究——以湖北省为例［J］. 当代经济，2019（12）：147-151.

　　［119］张庆君，苏明政，郜亮亮. 人口结构变迁、老龄化及其对养老保险可持续支付能力的影响——基于省际门限面板模型的实证分析［J］. 云南财经大学学报，2014（1）：76-83.

　　［120］张纪南. 开启社会保障事业高质量发展新征程［J］. 中国社会保障，2021（7）：4.

　　［121］郑伟，陈凯，林山君. 中国养老保险制度中长期测算及改革思路探讨［C］. 第五届中国社会保障论坛，2013（7）：11.

　　［122］郑功成. 中国社会保障制度变迁与评估［M］. 北京：中国人民大学出版社，2002.

　　［123］朱青，刘洋. 我国基本养老保险财务可持续性面临的挑战和应对措施［J］. 财政研究，2019（4）：75-78.

　　［124］朱恒鹏，岳阳，林振翮. 统筹层次提高如何影响社保基金收支——委托—代理视角下的经验证据［J］. 经济研究，2020（11）：101-120.

　　［125］赵健宇，王文慧. 降低养老保险缴费比例能抑制企业避税吗？［J］. 会计之友，2020（14）：70-76.

　　［126］郑秉文. 中国养老金精算报告2019-2050［M］. 北京：中国劳动社会保障出版社，2019.

　　［127］郑斌文. 供给侧：降费对社会保险结构性改革的意义［J］. 中国人口科学，2016（3）：11，126.

　　［128］Blake D，Mayhew L. On the sustainability of the uk state pension system in the light of population ageing and declining fertility［J］. The Economic Journal，2006，116（512）：F286-F305.

　　［129］Boado-Penas M D C，Salvador Valdés-Prieto，Carlos Vidal-Meliá. The actuarial balance sheet for pay-as-you-go finance：Solvency indicators for Spain and Sweden［J］. Fiscal Studies，2010，29（1）：89-134.

[130] Bongaarts J. Population aging and the rising cost of public pensions [J]. Population & Development Review, 2010, 30 (1): 1-23..

[131] Breyer F, Hupfeld S. On the Fairness of early-retirement provisions [J]. German Economic Review, 2010, 11 (1): 60-77.

[132] Calvo E, Williamson J B. Old-age pension reform and modernization pathways: Lessons for China from Latin America [J]. Mpra Paper, 2008, 22 (1): 74-87.

[133] Cristian M M. Public pensions polices in the context of budgetary deficts [J]. Annals-Economy Series, 2012, 4 (2): 171-175.

[134] Dimond P A. National debt in a neoclassical growth model [J]. American Economic Review, 1965 (1): 1126-1150.

[135] Edwards, Alexander, Schwab, et al. Financial constraints and cash tax savings [J]. The Accounting Review, 2016, 91 (3): 859-881.

[136] Egert B. The impact of changes in second pension pillars on public finances in Central and Eastern Europe: The case of Poland [J]. Economic Systems, 2013, 37 (3): 473-491.

[137] European Commission. Objectives and working methods in the area of pensions: Applying the open method of coordination, Joint Report of the Social Protection Committee and the Economic Policy Committee [M]. Lux-embourg: Official Publications of the European Communitie, 2001.

[138] Fehr H, Kallweit M, Kindermann F. Pension reform with variable retirement age: A simulation analysis for germany [J]. Journal of Pension Economics & Finance, 2012, 11 (3): 389-417.

[139] Graham J R, Hanlon M, Shevlin T, et al. Incentives for tax planning and avoidance: Evidence from the field [J]. Social Science Electronic Publishing, 2013, 89 (3): 991-1023.

［140］ Glennerster H. The sustainability of western welfare states ［D］. Oxford Handbook of the Welfare State, 2010.

［141］ Grech A G. Assessing the sustainability of pension reforms in Europe ［J］. LSE Research Online Documents on Economics, 2010 (1).

［142］ Grech A G. Assessing the sustainability of pension reforms in Europe ［J］. Journal of Internationl and Comparative Social Policy, 2013, 29 (2): 143–162.

［143］ Hess M. Rising preferred retirement age in Europe: Are Europe's future pensioners adapting to pension system reforms? ［J］. J Aging Social Policy, 2016 (1).

［144］ Holzmann R, Hinz R. Old age income support in the 21st century: an international perspective on pension systems and reform ［J］. World Bank Publications, 2005, 26 (1): 114–121.

［145］ Jimeno J F, Rojas J A, Puente S. Modelling the impact of aging on social security expenditures ［J］. Economic Modelling, 2008, 25 (2): 201–224.

［146］ John Ermisch. Population ageing: Crisis or opportunity? ［R］. ISER Working Paper, 2008.

［147］ Juan A, Lacomba Francisco, et al. Postponing the legal retirement age ［J］. Series Journal of the Spanish Economic Association, 2010 (1).

［148］ Li S, Lin S. Population aging and China's social security reforms ［J］. Journal of Policy Modeling, 2016, 38 (1): 65–95.

［149］ Li P, Lu Y, Wang J. Does flattening government improve economic performance? Evidence from China ［J］. Journal of Development Economics, 2016 (123): 18–37.

［150］ Okumura T, Usui E. The effect of pension reform on pension–benefit expectations and savings decisions in Japan ［J］. Applied Economics, 2014,

46 (14): 1677-1691.

[151] Santos T. Inmaculada Domínguez-Fabián. Financial solvency of pension systems in the European Union [J]. EcoMod, 2011 (1): 1971-1977.

[152] Sin Y, Yu X Q. China pension liabilities and reform options for old age insurance [R]. World Bank Report, 2005.

[153] Samuelson P A. An exact consumption-loan model of interest with or without the social contrivance of money [J]. Journal of Political Economy, 1958, 66 (6): 467-482.

[154] Tang Y, Ruan Y, Xu Y, et al. Feedback analysis of population, economy and pension: Moderate scale of China's pension strategic reserve [J]. Physica A: Statistical Mechanics and Its Applications, 2020 (1).

[155] Vidal-Melia C, Boado-Penas M D C. Compiling the actuarial balance for pay-as-you-go pension systems. Is it better to use the hidden asset or the contribution asset? [J]. Applied Economics, 2013, 45 (10-12): 1303-1320.

[156] Xiqian, Cai, Yi, et al. Does environmental regulation drive away inbound foreign direct investment? Evidence from a quasi-natural experiment in China [J]. Journal of Development Economics, 2016 (123): 73-85.

[157] Yehuda B, Andros G, Susan S. Retirement in a global labour market: A call for abolishing the fixed retirement age [J]. Personnel Review, 2014, 43 (3): 1-35.